Frischknecht

**Leadership als Co-Creation**

Astrid Frischknecht

# Leadership als Co-Creation
Wenn Führung zur gemeinsamen Sache wird

Astrid Frischknecht
**Leadership als Co-Creation**
Wenn Führung zur gemeinsamen Sache wird
ISBN Print: 978-3-0355-0838-3
ISBN E-Book: 978-3-0355-0893-2

Bibliografische Information der Deutschen Nationalbibliothek:
Die Deutsche Nationalbibliothek verzeichnet diese Publikation
in der Deutschen Nationalbibliografie; detaillierte bibliografische
Daten sind im Internet über http://dnb.dnb.de abrufbar.

1. Auflage 2017
Alle Rechte vorbehalten
© 2017 hep verlag ag, Bern

www.hep-verlag.com

# Abstract

Hierarchische Macht ist schon länger nicht mehr für eine erfolgreiche Führung genügend. Der alles könnende Held oder die göttliche Königin mögen zwar von Medien und Gesellschaft gesucht werden, doch ist die Komplexität der Welt für niemanden alleine tragbar. Beziehungsgestaltung, Mehrperspektivität, Ambiguitätstoleranz, das Gefühl für das Seinwollende und Zukünftige sowie Entwicklung und organisationale Lernprozesse sind gefragt. Leadership wird damit zum relationalen Tätigsein verschiedener Personen im Hinblick auf das, was in der Zukunft liegt. Das vorliegende Buch verbindet Veränderungs- und Leadershipkonzepte mit neurobiologischen Erkenntnissen sowie Innovations- und Lernprozessen. Damit öffnen sich neue Handlungsräume und Perspektiven.

## Zum Geleit

»Co-Creation« – die kreative Gestaltung von Prozessen in kooperativer Gemeinsamkeit – ist seit vielen Jahren eines der Hauptthemen von Astrid Frischknecht, die ich vor gut einem Jahrzehnt bei Seminaren im Rahmen von expressiver künstlerischer Arbeit an der European Graduate School in Saas-Fee kennenlernte. Gerade ein solcher Rahmen ist prädestiniert für die Vermittlung zweier zentraler Aspekte in Coaching und Beratung, aber auch in Teamführung und – allgemeiner – für jegliche Art von Teamarbeit:

Erstens ist künstlerisch verstandenes Tun in vielen Bereichen (Tanzen, Musizieren, Theaterspielen usw.) auf Gemeinsamkeit ausgelegt, die nur dann gelingt, wenn persönliche Freiheit und Kreativität nicht im Gegensatz zur Dynamik der anderen in der Gruppe gesehen wird, sondern in einem ausbalancierten Miteinander. Die Achtsamkeit für die Beziehungen zwischen den Menschen in ihrer Dynamik ist dabei eine essenzielle Grundlage. Ansonsten droht das Chaos »jeder gegen jeden« oder aber die Rigidität in Form des Repetierens vorgefertigter Muster, die gerade nicht kreativ und adaptiv an neue Bedingungen und Herausforderungen sind.

Zweitens gelingt ein solches kreatives Tun nur dann, wenn von den Sinnen Gebrauch gemacht wird – also von einer Fokussierung auf abstrakten versprachlichten und kategorisierten Sinn abgelassen und auf die Sinnlichkeit zurückgegriffen wird. Dies darf nicht als Plädoyer gegen Wissen und Konzepte missverstanden werden, sondern als Mahnung gegenüber den Einseitigkeiten und Entfremdungen solcher notwendig abstrakten Gebilde, wenn diese nicht in der konkret erfahrbaren Lebenswelt verankert sind und immer wieder an diese rückgekoppelt werden.

Beide Aspekte sind auch für die Gestaltung unserer Lebens- und Arbeitswelt zentral, an der ja nicht nur »die da oben« mitwirken, sondern wir alle (freilich mit unterschiedlicher Machtbefugnis und damit auch Verantwortung). Sie sind damit zugleich auch Fundamente für die Wertschätzung des anderen – in seiner doppelten Bedeutung: als Gegenüber und als Andersartiger. Das im Buch an zentraler Stelle stehende Zitat: »If you judge a fish by its ability to climb a tree, it will live its whole life believing that it is stupid«, mag hier als Warnung davor dienen, dem anderen allzu schnell die eigenen Kategorien überzustülpen (auch wenn genauso richtig ist, dass nicht jeder für jede Aufgabe gleich gut geeignet ist. Differenzierung versus Gleichmacherei kann somit ebenfalls ein Aspekt von Wertschätzung sein).

Vieles von dieser Haltung wird in diesem Buch beschrieben und vermittelt. Möge es viele Menschen nachdenklich machen und/oder ermuntern und unterstützen, diese Leitideen auf ihrem Weg durch die Lebens- und Arbeitswelt umzusetzen.

Osnabrück, Juni 2017							Prof. Dr. Jürgen Kriz

# Inhaltsverzeichnis

Abstract .................................................... 5

Zum Geleit .................................................. 7

Le roi est mort, vive le roi ................................ 11

Freund oder Feind ........................................... 25

Sichtweisen ändern .......................................... 35

Möglichkeitsräume einnehmen ................................. 57

Veränderungen umsetzen ...................................... 63

Autorin ..................................................... 78

Literatur ................................................... 79

Abbildungsverzeichnis ....................................... 81

# Le roi est mort, vive le roi

Der König ist tot, lange lebe der König – oder in Anlehnung: Die Führung ist tot, lang lebe die Führung.

Tot ist aber ganz sicher die hierarchische Führung. Die Garde der selbstverliebten Allesbesserwisser hat abgedankt. Was wir zurzeit erleben, ist ein letztes Aufbäumen vor dem Untergang. Doch die Zeiten von Führung im Sinne von Auftragserteilung, Kontrolle und einer Person, die für alle entscheidet, sind vorbei. Margaret J. Wheatley kündigte dies bereits 1999 in »Leadership and the new science« an: »To lead the knowledge worker to accomplish business objectives, management becomes a social function in which relationships are key« (Wheatley 1999). 300 Jahre allgemeine Orientierung am Bild Mensch = Maschine sind vorbei. Es lebe die Führung, die sich an der Fähigkeit orientiert, in Beziehungen zu stehen und sich dabei gemeinsam wirkungsvoll und engagiert vorwärtszubewegen

Die französische Verkündigung: »Le roi est mort, vive le roi« wird hier nicht genutzt, um die Kontinuität der französischen Erbmonarchie sicherzustellen, sondern um die Kontinuität von Führung in einer anderen Generation und mit einem anderen Konzept zu verdeutlichen: organisationale Perspektive statt Hierarchie.

In den bisherigen Zeiten der Führung haben sich Hunderte Leadership-Bücher mit der guten Führungsperson und den individuellen Eigenschaften dieser einen Person beschäftigt. Eigenschaften wie charismatische Persönlichkeitszüge, Verhandlungsgeschick, Durchsetzungsvermögen und Begeisterungsfähigkeit wurden in mehrstimmigen, branchenübergreifenden Chorälen besungen. Am liebsten ein sportlicher Held, der in seiner Freizeit hohe Berge erklimmt oder Marathon läuft: ein »Prinz in silberner Rüstung«. Seine Rüstung reflektiert das Licht der Sonne und blendet uns, sein Publikum. Er, der Allesbesserwissende, weiß und genießt die Zeiten der Aufmerksamkeit, die ihm seine Rüstung (oder seine Rolle) schenkt. Er lässt seine Mitarbeitenden defilieren, ist nie um einen guten Spruch verlegen und sein strahlend weißes Lächeln bezaubert die Frauen und verschüchtert die Männer. Die alte Form von Führung: eine machtvolle Position in einem hierarchischen Betrieb. Bekannt ist das Bild des Patrons. Als gedankliche Anlehnung ist es hilfreich, um die Abhängigkeiten aufzuzeigen. Der Patron ist im schlechten Fall ein narzisstischer Mann, der sich, seine Familie und die Reichen und Mächtigen seines Milieus als wertvollere Menschen sieht als die Arbeiterinnen und Arbeiter in seiner Fabrik. Im besseren Fall versteht sich der Patron als umsorgender »Vater«, der seine Großzügigkeit gerne zeigt und denen schenkt, die Gehorsam und Respekt zeigen und sich ihrer Herkunft und Rolle entsprechend verhalten. Wehe aber, die Selbstbestimmung der Untergebenen wird zu groß oder richtet sich gegen die Ideen und Erwartungen des »Vaters«. Auch heute noch haben sich Unterstellte vor selbstherrlichen Vorgesetzten und Vorstandsmitgliedern in Acht zu nehmen, wenn sie sich durch Fragen und Ideen außerhalb ihres zugewiesenen Platzes bewegen. Denn Fragen und Ideen sind machtvolle zukunftsweisende Instrumente, insbesondere, wenn sie Platz erhalten, ihr Potenzial zu entfalten.

Fragen können neue Sichtweisen und Ideen öffnen. Neue Ideen sind das Potenzial für Innovation und Entwicklung, und Innovation und Entwicklung wiederum sind der unternehmerische Wesenskern. So ist ein guter Weg, Fragen zu stellen, um über etwas nachzudenken, das bisher als »so denkt und macht man es« galt. Eine gute Frage gestellt zu bekommen, kann helfen, Informationen zusammenzufügen, unsere vorhandenen Ideen auszuwerten und neue Ideen zu produzieren. Fragen sollen Menschen ermutigen, über das hinauszudenken und zu fühlen, was sie bisher in den Gesprächen gedacht und gefühlt haben. Fragen haben eine Wirkung für den Befragten. Hilfreiche Fragen, von Bob Stains von Essential Partners auch »fensteröffnende« Fragen genannt,

- verhelfen zu mehr Klarheit und Ausdrucksfähigkeit,
- motivieren zu größerer Komplexität im Denken und Fühlen und verhindern ein Verharren im Denken und Fühlen in bekannten Schablonen und herkömmlichen Mustern,
- führen hin zu mehr Konzentration und richten den Fokus darauf, dass Denken und Fühlen vielfältiger wird.

Im Gegensatz dazu gibt es bestimmte Arten von Fragen, die der befragten Person das Gefühl vermitteln, als würde sie in einen kleinen Raum gestoßen und ihr die Türe vor der Nase zugeschlagen. Bob Stains nennt sie entsprechend »türzuschlagende Fragen«.

Fragen haben auch eine Wirkung für denjenigen, der fragt. Fragen zu stellen erweitert das Verständnis über die Situation anderer Menschen und welche Bedeutung und Sichtweise sie haben. Fragen wirken sich auch auf die Beziehung aus. Sie verbessern oder erweitern die vergangenen, gegenwärtigen und zukünftigen, die realen und vorgestellten Verbindungen, sowohl zwischen dem Befragten als auch dem Fragenden und den anderen, die zuhören.

Fragen öffnen die Fenster in die Zukunft. Zum Beispiel eine Frage, die sich nach der gewünschten Zukunft für das Unternehmen erkundigt. Doch Zukunftweisendes und Werden-Wollendes ist nichts für schwache Manager. Donn Carr, ein amerikanischer Berater für Detailhandel und Shoppingcenters publizierte einen Artikel, wie man schwache Manager identifiziert. Was sind schwache Manager? Aus Carrs Sicht sind es Vorgesetzte dank Rolle und Titel, aber nicht aufgrund ihrer Handlungen. Der erste und wichtigste Indikator: Sie leben in der Vergangenheit. Sie orientieren sich an ihrer Karriere, ihren Erfahrungen und ihren Strategien, die bisher geholfen haben, ihre Positionen zu gewinnen und zu erhalten. Sie sehen Führung als etwas, das ihrer Persönlichkeit innewohnt und für das sie besonders geeignet sind. Führung ist für sie ein Konzept, in dem sie Befehle erteilen und in dem es andere gibt, die diese ausführen. Klar ist, dass Führung mindestens zwei Personen braucht. Die Führung entsteht durch das Zusammenspiel dieser beiden Personen: Die eine führt, und mindestens eine Person folgt. Damit wird deutlich, dass Führung in der Beziehung liegt, im Raum zwischen den beiden Personen.

**Abbildung 1** Eine vorhersehbare Konversation

Der Beziehungsrahmen gestaltet die Kommunikation. In dieser Illustration wird ein hierarchischer Beziehungsrahmen abgebildet.

Gäbe es nur die eine Person, die führt, und niemanden, der umsetzt, wäre der Vorgesetzte ein Chef ohne Mitarbeitende, eine Person, die ihre Einzelfirma führt. Sie wäre dann ihr eigener Chef und würde sich selber führen: in Selbstführung. Führung als innere Zwiesprache, als innerer Dialog. Der Hamburger Psychologe Friedeman Schulz von Thun hat dafür die Metapher des inneren Teams gewählt.

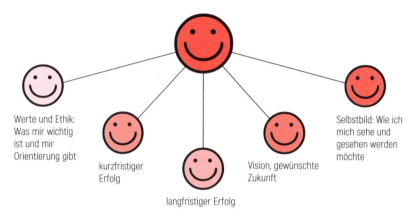

**Abbildung 2**  Im Dialog mit dem »inneren Team«

Klärung in der Selbstführung entsteht durch Dialog mit sich selbst – wie hier mit dem Bild des inneren Teams dargestellt.

Die Klärung mit dem äußeren Team erfolgt, eingebettet in der alten Generation von Führung, in der Konzeption von Führung als/Führen und Folgen. Diesem Modell unterliegt der Grundsatz, dass es eine übergeordnete Position und eine unterstellte Position gibt. Es ist das Metamodell von Führung, wie wir sie heute leben: unser »Nährboden der Führung«. Solange wir in diesem Metamodell verhaftet sind, werden unser Handeln, unser Denken, unsere Fragen, die wir stellen, sowie die Situationen, die wir im Alltag erleben, nach diesem Modell verstanden. Manager, Vorstandsvorsitzende und HR-Fachleute fragen sich: »Wie gewinnen wir die besten Mitarbeitenden. Wie bildet man ein Team? Wie motiviert man Mitarbeitende?« Der Nährboden dieser Fragen ist das uns sehr gut bekannte Führungsmodell: Einer führt, andere folgen. Dabei schwingt auch Hierarchie mit. Der eine ist oben, der andere ist unten. Übergeordnet und unterstellt – Führen ist damit mit hierarchischer Macht verbunden. Um jemanden oder etwas unterzuordnen, kann man Kraft, Willensstärke, Gemütslage, bestimmte Logik einer Sichtweise, Verstrickung oder Täuschung anwenden. Diese verschiedenen Formen sind all jenen bekannt, die sich einer launisch-depressiven Person, einem schlauen Manipulator, einem gut aussehenden Narzissten oder einem hässlichen Tyrannen unterordnen mussten. Dabei definiert sich die übergeordnete Position nur dadurch, dass sich jemand unterordnet.

Folgen wir diesem Modell weiter, dann ist klar, dass man sich mit dem Führungshelden oder der Führungsheldin beschäftigen muss. Er oder sie ist die zentrale Figur, denn von ihm oder ihr, so die Idee, ist der Erfolg abhängig. Von einem Menschen, der nicht nur über außerordentliche individuelle Eigenschaften verfügt, sondern auch eine machtvolle Rolle in einem hierarchischen System einnimmt. Doch ohne Unterordnung löst sich diese Form von Führung auf.

> »Wir haben dich hierher bestellt, weil wir mit dir über unsere Zusammenarbeit und dein Verhalten sprechen wollen.« Karla nickt und zwischen gepressten Lippen drückt sie ein »Ja« hervor. Ihre Hände halten sich gegenseitig und liegen auf ihrem Schoss. Das rechte Bein ruht scheinbar gelassen über dem linken. Sie überprüft sich innerlich: »Ja, so sitzt man, wenn man noch nicht alles verloren hat und das Verliererinnen-Etikett noch nicht an einem haftet.«
>
> Die dritte Frau am Tisch führt aus: »Wir arbeiten hier zusammen und dazu gehört, dass alle Mitarbeitenden sich an gewisse Regeln halten.« Klara entspannt sich, sagt Ja und spürt hinter ihren Eingeweiden den sich entfaltenden Raum. Es ist ein Spiel mit Wörtern. Drei Frauen sitzen zusammen an einem kleinen runden Tisch auf farbigen Stühlen. Jeder Stuhl hat eine andere Farbe. Karla sitzt auf einem grünen, Karlas Chefin auf einem gelben und die Chefin der Chefin auf einem roten. Sie sitzen im Büro der Chefin von Karlas Chefin an einem Mittwochmorgen.
>
> »Und diese Regeln müssen von allen eingehalten werden. Auch von dir«, fährt die Chefin der Chefin fort. Ihr Mund ist ungeschminkt und bleich. Hart bewegen sich die Mundwinkel beim Reden, und wenn sich der Mund schließt, bilden sich kleine Fältchen an den Rändern. ›Sie sieht bleich aus‹, denkt sich Karla und beobachtet die Wörter, die aus dem Mund dieser Frau taumeln. Eines dem anderen folgend und eines dem anderen gleichend, ohne dass das Wort oder die Sätze wüssten, zu welchem Zweck sie an diesem Mittwochmorgen in diesem Büro gesagt werden. Sie bauen sich auf wie eine Mauer aus weißen Backsteinen. Ein bisschen versetzt zueinander und eines wie das andere. So bleiben sie vor Karla stehen. Karla schaut sie an, sieht

die Chefin der Chefin dahinter und weiß genau, was jetzt das Richtige ist. Sie sagt: »Ja«. Die weiße Backsteinmauer aus sich gleichenden, ordnungssuchenden Wörtern löst sich auf. Kein Krachen und Knacken oder Surren ist zu hören. Sie löst sich auf, wie das Hologramm in der Science-Fiction.

Was aber wird, wenn man die Konzeption von Führung anders definiert? Wenn die Orientierung nicht an der einen Person und ihren Eigenschaften stehen bleibt, sondern weiterverfolgt, was zwischen den Personen geschieht. Wenn man die Fähigkeit fokussiert, in Beziehungen zu stehen. Wenn man Führung als Fähigkeit, in Beziehung zu stehen, versteht und Beziehung als Raum verstanden wird, der zwischen Personen geschaffen wird.

Dann kann es eine neue Führung geben: eine Führung von mindestens zwei gleichberechtigten Personen, die miteinander in Beziehung stehen. Dann wird Führung als Co-Creation, als gemeinschaftlicher Prozess aller Beteiligten verstanden. Dann gehört zur Führung eine erfolgreiche Praxis der Zusammenarbeit. Fokussiert werden nicht mehr die individuellen Eigenschaften, sondern Wirkungsfelder auf der Meta-Ebene: Empowerment und Befähigung, horizontale Entscheidungsprozesse, laterales Denken, Teilen von Informationen, Networking, kontinuierliches Lernen, Wertschätzung und Verbindungsfähigkeit. Dafür würden Rahmenbedingungen geschaffen, damit, in den Worten des Kommunikationspsychologen Paul Watzlawick und seiner Kollegen aus dem Jahr 1973, »Lösungen zweiter Ordnung« geschaffen werden können. Das heißt, dass wir etwas tun, das außerhalb des bisherigen Musters, außerhalb der bisherigen Denkweise und Problemstellung liegt. Es ist ein Sprung in der Logik und liegt vielleicht auch ein bisschen außerhalb dessen, was wir heute noch allgemein als »gesunden Menschenverstand« bezeichnen.

Die Sage »Die Maultasch vor Hochosterwitz« illustriert diesen »Logiksprung«, eine Lösung zweiter Ordnung. In der Sage geht es um die Belagerung der Burg Hochosterwitz in Kärnten und den Versuch von Margarete Maultasch, Gräfin von Tirol, nach dem Tod ihres Vaters Herzogs Heinrich von Kärnten 1335 die Erbfolge anzutreten:

> »Als Frau Margareta Maultasch mit ihrem Kriegsvolk die Drau herunterzog, flüchteten sich viele Herren und Landleute mit Frau und Kind in die Burg Hochosterwitz. Stark und unüberwindlich ist diese Burg auf einem hohen Felsen gebaut. An eine Eroberung von Hochosterwitz war nicht zu denken.

Also machte sich das kriegerische Weib daran, die Festung zu belagern. Sie besetzte das Land rings um die Burg, so daß niemand hinein oder heraus konnte, und dachte, der Hunger werde den in der Burg eingeschlossenen Adel zur Übergabe zwingen. Wirklich gingen oben auf Hochosterwitz die Lebensmittel zur Neige; es herrschte ein solcher Hunger, daß die Leute sich nicht davor scheuten, Pferde, Hunde und Katzen zu schlachten. Als nur noch ein magerer Stier und zwei Vierling Roggen vorhanden waren, griff Herr Schenk von Osterwitz zu einer List. Er ließ den Stier schlachten, in seine Haut den letzten Roggen schütten und ihn alsdann über den Berg hinunterstürzen – als wenn sie noch im Überfluß zu essen hätten. Als Frau Maultasch dies erfuhr, tat sie einen lauten Schrei: ›Ha, das sind Klausraben, die eine gute Zeit ihre Nahrung in die Kluft zusammengetragen haben, die werden wir nicht so leichtlich in unsere Klauen fassen. So wollen wir sie in ihrem Nest sitzen lassen und uns andere gemästete Vögel suchen!‹ Damit hob sie die Belagerung auf.«

Pehr (1960, S. 32)

Wollen wir »Lösungen zweiter Ordnung« nach dem Beispiel von Herrn Schenk von Osterwitz entwickeln und die Denkweise aufgeben, die zu den heutigen Problemen geführt hat, dann ist Führung nicht mehr nur eine Angelegenheit von Personen in Führungspositionen. Wirkungsvolle Mitgestaltung, Raum für neue Ideen und Wertschätzung für Bisheriges, Überraschendes und Unbekanntes sollten auf allen Ebenen einer Organisation ihren Platz haben. Doch haben Personen in Führungspositionen einen weiteren Blick aufgrund ihres Standorts in der Organisation. Damit haben sie eine größere Verantwortung. Dies nicht nur, weil sie durch ihren Standort besser gesehen werden, sondern auch, weil sie die Art von Praxis einführen können, die in ihrer Organisation am sinnvollsten ist. Vorgesetzte können Formen des Austauschs lehren und andere dazu einladen.

Dagegen herrscht oft noch die Vorstellung vor, dass zu viel Austausch und Fragen an Mitarbeitende diese überfordern würde. Dies zeigt sich zum Beispiel in Veränderungsprojekten. In Change-Prozessen ist immer wieder die Frage der Beteiligung der Mitarbeitenden zu klären. Eine oft gehörte Standardantwort zur frühzeitigen Beteiligung von Mitarbeitenden lautet: »Man kann den Mitarbeitenden im Verkauf oder im Callcenter oder in der Sachbearbeitung oder im Kundendienst die Frage nicht stellen, weil wir sie damit überfordern würden.«

Als problematisch wird von der Geschäftsleitung auch der Vorschlag erachtet, die Mitarbeitenden ihre Arbeitsgruppe selber wählen zu lassen. Von den Führenden wird befürchtet, dass die einzelnen Mitarbeitenden nicht genau wissen, was sie können, und dass sie ihre Kompetenzen dann am falschen Ort einbringen könnten. Angenommen wir betrachten diese Aussagen als Tatsachen, dann folge ich gerne Werner Lutz:

> Tatsachen
> soll man drehen wenden
> zwischen den Fingern
> um herauszubekommen
> ob sie noch leben
> oder längst verendet sind.
>
> Werner Lutz (2011)

Lassen wir uns Aussagen wie »Man kann den Mitarbeitenden im Verkauf oder im Callcenter oder in der Sachbearbeitung oder im Kundendienst die Frage nicht stellen, weil wir sie damit überfordern würden« auf der Zunge zergehen, drehen und wenden wir sie, und untersuchen wir sie als Phänomene. Es sind Aussagen über Ängste und Sorgen – ausgesprochen von den Vorgesetzten. Es ist die Sichtweise der Vorgesetzten über die Mitarbeitenden, und damit ist es eine Botschaft der Vorgesetzten. Nach Schulz von Thun haben wir vier Ohren. Jede Botschaft können wir auf dem einen oder anderen Ohr hören:

- Das Ohr des Appells: Was soll ich tun, denken, fühlen, wenn ich das höre?
- Das Sachohr: Was ist der Sachverhalt, der hier angesprochen wird?
- Das Ohr der Beziehung: Wie redet diese Person mit mir?
- Das Ohr der Selbstoffenbarung: Was sagt diese Person über sich?

Was kann gehört werden bei der Aussage »Mitarbeitende kann man nicht beteiligen, sonst wären sie überfordert«? Eine kleine lustvolle und einfache Analyse der Aussage von Führungskräften entlang der vier Ohren:

- Im Ohr des Appells: Als Mitarbeitende sollen wir denken, dass unsere Vorgesetzten sich um uns kümmern.
- Im Sachohr: Es ist zu kompliziert für uns Mitarbeitende. Unsere Chefs wissen es besser.

- Im Ohr der Beziehung: Wir Mitarbeitende werden als Untergebene angesprochen.
- Im Ohr der Selbstoffenbarung, was Führungspersonen damit über sich selber sagen: Wir, Vorgesetzte, sind in dieser instabilen, unsicheren, komplexen und mehrdeutigen Welt verunsichert und besorgt und wüssten nicht, was wir machen sollten, wenn auch noch Mitarbeitende mitreden würden.

Das Ohr der Selbstoffenbarung, also hinzuhören, was die Botschaft einer Person über diese selber sagt, geht in der Dynamik der Kommunikation gerne verloren. Es ist aber sehr aufschlussreich. Denn das Gesagte teilt uns etwas über das Weltbild der Person mit, die spricht. Damit kann man durch Zuhören mehr über den Standpunkt anderer in Erfahrung bringen. Das ist nützlich, aber doppelbödig und mit Vorsicht zu nutzen. Denn alles, was man hört, denkt und mit seinen Sinnen wahrnimmt, ist geprägt vom eigenen Geworden-Sein (s. Leiter der Schlussfolgerungen).

Die Analyse nach den vier Ohren soll nicht dazu verleiten, respektlos zu werden oder Aussagen ins Lächerliche zu ziehen. Die Aussagen von Führungspersonen und Vorgesetzten in diesem Beispiel sind ernst zu nehmen. Gleichzeitig sind sie im Kontext der Berufswelt zu verstehen. Es sind Aussagen über Mitarbeitende. Mitarbeitende sind Menschen, die ein selbstbestimmtes Leben führen. Wir alle sind auch Mitarbeitende und mündige Bürgerinnen und Bürger, die im Rahmen unserer Möglichkeiten ein eigenständiges Leben gestalten. Wir arbeiten, wohnen, zahlen Rechnungen, entscheiden uns für das eine oder andere und pflegen vielfältige soziale Beziehungen, nicht nur mit Familie und Freunden, sondern auch mit Personen, die wir nicht zu unserem Freundeskreis zählen. Es sind Beziehungen auf gleicher Augenhöhe. Im Berufsleben sind wir nicht mehr Bürgerinnen und Bürger, sondern werden zu Mitarbeitenden und Vorgesetzten. Vorgesetzte sagen, was es zu tun gibt, und Mitarbeitende führen diese Anweisungen aus. Es wird eine Beziehung nach altem autoritären Schema: »Herr und Diener«.

Was rechtfertigt heute dieses hierarchische und autoritäre Verständnis? Wie wird ein hierarchisches Bild von Führung in der Wissensgesellschaft legitimiert? Vielleicht die Sichtweise, dass Mitarbeitende Führung und Schutz brauchen. Mitarbeitende brauchen vielleicht Schutz. Wenn man sich die Arbeitsbedingungen in der Industrialisierung im 18. und 19. Jahrhundert vor Augen führt, war Arbeitnehmerschutz unabdingbar:

»Als Matthew Crabtree ein achtjähriger Junge war, mussten seine Eltern ihn manchmal aus dem Bett heben. Sonst wäre er überhaupt nicht aufgewacht, so früh am Morgen. Dann wäre er zu spät zur Arbeit in die örtliche Textilfabrik gekommen, und es hätte dort Schläge gesetzt. Matthew wurde freilich auch dann geschlagen, wenn er an seinem langen Arbeitstag – von sechs Uhr morgens bis acht Uhr abends, dazwischen eine Stunde Pause – müde wurde. ›Die Angst vor den Schlägen war ein ausreichender Anreiz‹, sagte er viele Jahre später, ›sodass wir nach Möglichkeit unsere Arbeit erledigten‹. Crabtree hat das alles im Jahr 1832 vor einem Untersuchungsausschuss des englischen Parlaments geschildert.« (Fischermann 2011)

Eine kleine Schar von Unternehmern wurde reich. Sie bauten nicht nur Fabriken, sondern siedelten Familien und ganze Ortschaften rings um ihre Fabriken an; sie ließen Männer, Frauen und Kinder lange und hart arbeiten. Damals brauchten Mitarbeitende Schutz. Heute ist es denkbar, dass Mitarbeitende mit der Komplexität der VUCA-Welt überfordert sind. Für Vorgesetzte und Vorstandsmitglieder scheint die VUCA-Welt Grund für Weiterbildung und Workshops. Die Abkürzung VUCA wurde vom amerikanischen Militär nach dem Kalten Krieg eingeführt, weil die Welt danach aus militärischer Sicht unberechenbarer, unsicherer, komplexer und mehrdeutiger wurde. VUCA bedeutet:

- *Volatility* (Instabilität)
- *Uncertainty* (Unsicherheit)
- *Complexity* (Komplexität)
- *Ambiguity* (Doppel- oder Mehrdeutigkeit)

Die folgenden Ausführungen dienen dem vertieften Verständnis der vier Begriffe:

*Instabilität*
»Erfahrungen der Vergangenheit veralten über Nacht und verweigern Richtung und Bestimmung, während die Zukunft sich in Nebel hüllt.« Poetisch schildert der Journalist Michael Stürmer die Instabilität im Artikel »Wer kann die instabil gewordene Welt ordnen« in der »Welt« am 16. 1. 2017. Instabilität zeichnet sich dadurch aus, dass unsere bisherige Orientierung an dem, was wir für selbstverständlich gehalten haben, nicht mehr vorhanden ist. »Plötzlich stellt sich heraus, dass das, was wir für selbstverständlich gehalten haben, so selbstverständlich nicht ist«, zitiert Stürmer die Bundeskanzlerin Angela Merkel.

*Unsicherheit*
Unsicherheit wird ausgelöst, wenn das Gefühl besteht, dass Vorhersehbarkeit und Kontrolle fehlen und das bisherige Wissen als ungenügend betrachtet wird, um mit der Umweltsituation umzugehen. Unsicherheit kann aber auch ein Auslöser sein, um Neugierde und Forschungsinteresse zu wecken. Durch die Auseinandersetzung mit dem Unbekannten findet ein Prozess des »Vertrautwerdens« statt (Berlyne zitiert in Rambow, S. 49) und es wird neues Wissen gewonnen.

*Komplexität*
Als komplex gelten Zusammenhänge, die nicht mehr einfach und eindeutig zuordenbar sind. Komplex ist, wenn Wirkung nicht direkt und linear mit der Ursache verbunden werden kann. Komplexität meint verschiedene Beziehungen mit verschiedenen Sichtweisen in einem vielschichtigen Kontext. Er ist ein Schlüsselbegriff in der Systemtheorie (vgl. Königswieser & Hillebrand 2008, S. 23).

*Ambiguität*
Unter Ambiguität ist Doppel- oder Mehrdeutigkeit zu verstehen. Ambiguität gehört zu unserem alltäglichen Leben und führt immer wieder zu Missverständnissen. Zur Illustration das einfache Beispiel des Worts »Stuhl«. Was für ein Bild erscheint vor Ihrem inneren Auge? Ein Stuhl mit Arm- und Rückenlehnen, gepolstert, in Richtung Polstersessel? Oder ist das innere Bild eher einem Küchenschemel ähnlich? Unter einem Stuhl stellen wir uns alle unterschiedliche Sitzgelegenheiten vor. Ein visuelles Bild kann konkreter und weniger doppel- und mehrdeutig sein als Wörter oder Text. Wichtig ist die Fähigkeit, diese Mehrdeutigkeiten zu ertragen und sie als Teil des Lebens zu akzeptieren. Denn es gibt keine Beziehung, keine Arbeitsstelle, keine Tätigkeiten, die nur »vom Guten und Schönen« erzählen. Überall gibt es Aspekte, Vorkommnisse und Begebenheiten, die nicht nur »gut und schön« sind, sondern, je nach Sichtweise, auch andere Qualitäten haben und damit doppel- und mehrdeutig sind.

Vielleicht ist die Welt schwieriger geworden. Sicher ist, dass unsere Unsicherheit gewachsen ist und wir in einer komplexen Welt leben. Vielleicht war sie schon immer komplex und wir haben es nur nicht gewusst und auch nicht so gesehen, weil wir mit Arbeiten und Überleben so beschäftigt waren, dass wir nur die eigene Suppe im Teller sehen konnten. Heute können wir über den Tellerrand blicken und sehen: Komplexität.

Manchmal wird Komplexität in einer Art und Weise ausgesprochen, als wäre sie eine Gefahr, vor der wir uns hüten müssten. Das Wort Komplexität löst Gefühle von Gefahr und Bedrohung aus. Wieso lassen wir uns einschüchtern von Komplexität? Ist nicht alles irgendwie komplex, wenn wir das Leben betrachten: Die Welt ist komplex, das Problem ist komplex, der Mensch ist komplex, Gefühle sind komplex, Erziehung von Kindern ist komplex – ja und?

Wenn wir diese Gefühle von Angst und Bedrohung, die mit dem Wort Komplexität einhergehen könnten, ein paar Momente in Schach halten, zeigt sich vielleicht ein anderes Bild. All die Informationen, die wir lesen und hören können, zeigen, dass Komplexität und Ambiguität der Idee einer einzigen Definition von Wahrheit den Garaus gemacht haben. Das kann für die einen eine Befreiung sein und Neugierde auslösen, für die anderen ist es ein Verlust von Sicherheit und Stabilität. Die digitale Revolution kann als Katastrophe oder als neue Welt voller Möglichkeiten gesehen werden. Das ist abhängig von Erfahrungen, Wissen und dem eigenen Geworden-Sein.

Es gibt diese Vielfalt von Sichtweisen, und diese existieren, seitdem es mehr als einen Menschen gibt: das »Zusammen- und Miteinander-Sein der Verschiedenen«, wie Hannah Arendt schreibt (Arendt 2003, S. 9). Betrachtet man die Vielfalt menschlicher Sichtweisen mit Interesse und Neugierde, auch wenn man sie nicht immer versteht oder nicht teilt, setzen sich die ersten Verbindungsfäden in Bewegung: der Beginn eines gemeinsamen Raums. Denn »wir können nicht nicht kommunizieren« schrieb Ende der 1960er-Jahre Paul Watzlawick. Seine Annahme war, dass Verhalten, sofern es wahrgenommen wird, immer einen kommunikativen Charakter hat. Rund 50 Jahre später skizzierte der Neurowissenschaftler Vilayanur Ramachandran, Direktor des Center for Brain and Cognition an der Universität von Kalifornien in San Diego, die Empathieneuronen in einem Ted-Talk im November 2009. Ramachandran wies nach, wie wir aufgrund der Spiegelneuronen mit anderen verbunden sind und wie wir diese Empathie generieren, sofern das Verhalten von anderen wahrgenommen wird. Ramachandran spricht dabei von Gandhi- oder Empathieneuronen, ohne dabei ein Alt-Hippie zu sein. Vielleicht bestätigt sich damit der erste Grundsatz, das erste Axiom, von Watzlawick.

Angenommen Watzlawick und Ramachandran haben recht, was würden ihre Erkenntnisse für die Führung bedeuten? Zum Beispiel, dass unser

Körper immer kommuniziert, auch wenn wir nicht reden. Und wenn wir reden, ohne zu meinen oder zu fühlen, was wir sagen, merken die Zuhörer und Zuschauerinnen aufgrund der Spiegelneuronen, dass irgendetwas nicht stimmt.

Sind wir damit überfordert? Können wir nicht mit Fragen umgehen, die unsere Arbeit oder unseren Arbeitsplatz betreffen? Doch, wir haben die Fähigkeiten und Fertigkeiten, damit umzugehen. Wir wollen nicht, dass man über unsere Köpfe hinweg entscheidet. Jeder Mensch hat eine eigene Autorität und gewisse Anteile daraus beanspruchen wir, wenn es um Veränderungen geht. Peter Bieri, Schweizer Philosoph und Schriftsteller, stellt Autorität, Selbstbestimmung und Gestaltungsraum in Beziehung zur Würde (vgl. Bieri 2013, S. 32). Wir alle haben unsere eigene Autorität. Sie nährt sich aus unserem Wissen und unserer Erfahrung. Damit möchten die meisten berufstätigen Personen gesehen und wahrgenommen werden.

Wenn Führung die Autorität der Mitarbeitenden berücksichtigt und Führungskompetenz als Fähigkeit, in Beziehung zu stehen, gesehen wird, dann wird der Kern von Führung zwischen den Personen neu gestaltet. Diese stehen auf gleicher Augenhöhe miteinander in Beziehung, tauschen sich über Wissen und Erfahrungen aus und begegnen ihren Unterschieden und der Vielfalt, die zwischen ihnen entsteht, mit Interesse und Entdeckungsfreude. Mit der Veränderung der Beziehung ist der Rahmen gestaltet. Das folgende Kapitel beschreibt den nächsten Schritt: Annäherung oder Vermeidung.

**Abbildung 3** Ein Gespräch mit dem Potenzial, bisher Ungedachtes auszusprechen

In dieser Illustration wird ein Beziehungsrahmen von zwei Personen auf gleicher Augenhöhe abgebildet.

# Freund oder Feind

Bisher konnte aufgezeigt werden, dass Führung nicht bei einer einzelnen Person beheimatet ist, sondern zwischen mindestens zwei Personen erfolgt. Damit wird die Konzeption von Führung als die Fähigkeit verstanden, in Beziehung zu stehen und Austausch zu ermöglichen. Doch braucht es noch mehr Veränderung? Oft sind Vorgesetzte und Mitarbeitende der Meinung, dass diese oder jene Reorganisation oder Veränderung sinnlos und nutzlos sei. »Sie schadet nur«, meinen sie und betrachten die Veränderung ihrer Stelle als persönlichen Verlust. Sie verbinden ihr Stellen- und Anforderungsprofil mit sich selbst. Das kann dazu führen, dass die Reorganisation eines Unternehmens als persönliche Gefahr gelesen wird. Gefahren will man minimieren, nur Belohnungen will man maximieren.

Dementsprechend suchen wir die Beziehungen. Wir möchten in Beziehung zu jenen Arbeitskolleginnen und -kollegen stehen, die uns freundlich gesinnt sind. Von ihnen fühlen wir uns geschätzt, gestärkt und vielleicht sogar gelobt. Mit ihnen streben wir so viel Zusammenarbeit wie möglich an. Wir fühlen uns ihnen nahe. Die anderen, von denen wir uns in unserer Sichtweise hinterfragt fühlen und die lauthals andere Meinungen vertreten, möchten wir lieber meiden. Annäherung und Vermeidung bilden aus Sicht des Neurowissenschaftlers Evian Gordon ein umfassendes Organisationsprinzip unseres Gehirns: die Annäherungs-Vermeidungs-Reaktion. Dieses Prinzip beschreibt die Wahrscheinlichkeit, dass bei der Begegnung einer Person ein Stimulus im Gehirn aktiviert wird, der entweder als »gut« oder »schlecht« markiert wird. Wenn ein Reiz als »gut« gekennzeichnet ist und mit einem positiven Gefühl oder sogar einer Belohnung einhergeht, wird höchstwahrscheinlich eine Annäherungsreaktion hervorgerufen. Wird der Reiz als »schlecht« markiert und mit negativen Gefühlen oder Bestrafung assoziiert, führt dies höchstwahrscheinlich zu einer Vermeidungsreaktion. Diese Reaktionen sind besonders stark, wenn der Impuls mit Überleben oder Fortbestehen verbunden ist (vgl. Gordon, zit. in Rock 2008).

Die Annäherung-Vermeidungs-Reaktion ist ein Überlebensmechanismus, der gestaltet ist, damit wir durch eine rasche und leichte Erinnerung bezüglich »gut« oder »schlecht« überleben. Das limbische System kann Reize verarbeiten, bevor sie unsere bewusste Achtsamkeit erreichen. Das

Stammhirn verarbeitet Signale hinsichtlich Bedrohung oder Anerkennung innerhalb eines Fünftels einer Sekunde. Währenddessen steht uns eine nicht-bewusste Intuition darüber zur Verfügung, was für einen selbst in den Situationen des täglichen Lebens bedeutungsvoll ist.

Mithilfe dieses Hintergrundwissens ist es leicht verständlich, dass Mitarbeitende oder Teams anfälliger für Fehler werden, wenn Vorschläge und Rückmeldungen von der Führung negativ beurteilt und zurückgewiesen werden. Wenn Kontrolle im Alltag vorherrscht, versuchen Mitarbeitende und Teams, Fehler zu vermeiden. Damit stehen ihnen weniger Fähigkeiten zur Verfügung, um komplexe Probleme zu lösen. Organisationen sind Menschen, und Menschen arbeiten mit Menschen. Die folgende Tabelle gibt einen Überblick über Annäherung respektive Vermeidungsreaktionen.

| Soziale Faktoren und Situationen, die die Reaktion auslösen | Reaktion |
|---|---|
| Glückliche, attraktive Gesichter<br>Belohnung in Form von erhöhtem Status, Sicherheit, Autonomie, Verbundenheit und Fairness | Annäherung |
| Ängstliche, furchtsame und unbekannte Gesichter<br>Bedrohung durch Verringerung und Rückgang von Status, Sicherheit, Autonomie, Verbundenheit und Fairness | Vermeidung |

**Abbildung 4** Annäherung und Vermeidung

In der Tabelle sind die fünf bedeutsamen Felder aufgelistet, die David Rock (2008) im SCARF-Modell nennt. Aus verschiedenen Studien wurden hierfür die fünf Faktoren herauskristallisiert, die Annäherung ermöglichen und Vermeidungsverhalten fördern:

- *status* (Status)
- *certainty* (Sicherheit)
- *autonomy* (Autonomie)
- *relatedness* (Verbundenheit)
- *fairness* (Fairness)

*Status* meint die relative Wichtigkeit gegenüber anderen. Die Wahrnehmung einer potenziellen oder realen Bedrohung kann heftige Reaktionen auslösen. Eine solche Reaktion kann zum Beispiel ausgelöst werden, wenn jemand von einer Aktivität ausgeschlossen wird, einen Ratschlag erhält oder wenn Kritik geäußert wird. Viele Alltagsgespräche führen zu Argumenten, die getragen sind vom Wunsch, nicht als niedriger gesehen zu werden als der andere. Fühlt man sich bedroht, können Personen eine Position verteidigen, die zwar keinen Sinn macht, dafür aber die Wahrnehmung einer Statusreduktion vermeidet.

Wir wissen viel über Status und monetäre Belohnungssysteme. Es ließen sich aber auch nachhaltigere Varianten von Belohnungen finden. Zum Beispiel fühlen sich Menschen in ihrem Status gestärkt, wenn sie sich wahrnehmen als Personen, die lernen und etwas verbessern können. Die gemeinsame Wahrnehmung sollte dabei auf diese Verbesserungen ausgerichtet oder fokussiert sein. Positive Rückmeldungen erhöhen ebenfalls das Gefühl des Status, insbesondere, wenn die positive Rückmeldung vor anderen gegeben wird. Für die Führung heißt das aber auch mehr Achtsamkeit beim Geben von Rückmeldungen. Eine Möglichkeit wäre, die Mitarbeitenden einzuladen, ein eigenes Feedback auf ihre Leistungen zu geben.

*Sicherheit* bezieht sich auf die Fähigkeit zur Vorhersage über die nahe Zukunft. Unser Hirn ist eine Muster-Wahrnehmungsmaschine, die dauernd versucht, die nahe Zukunft vorherzusagen. Nur ein Motor genügt aber nicht, hierfür benötigt es das sensorische System: Um eine Tasse Kaffee zu heben, nimmt das sensorische System die Position der Finger in jedem Moment wahr und interagiert dynamisch mit dem Motorcortex, um zu beschließen, wohin sich die Finger als Nächstes bewegen. Die Finger berechnen dabei nicht jedes Mal neue Daten. Auch das Hirn skizziert aufgrund der Erinnerung und der Erwartungen aus früheren Erfahrungen, was eine Kaffeetasse ist und wie sie sich in der Hand anzufühlen hat. Erst wenn sich etwas anders anfühlt, sind wir sofort achtsam. Wenn wir eine Person kennen und ihre Verhaltensweisen abschätzen können, fühlen wir uns sicher. Sicherheit erhalten wir auch, wenn wir wissen, was die Agenda-Punkte in der nächsten Sitzung sind oder wenn wir Übersicht über den geplanten Veränderungsprozess erhalten. Diese muss nicht bis in alle Details erarbeitet sein, aber als Landkarte Orientierung geben, und alle orientieren sich daran.

*Autonomie* ist in dem Sinne gemeint, dass wir die Kontrolle über Ereignisse behalten. Es geht dabei um die Beibehaltung und Ausübung einer gewissen Autorität, die wir beanspruchen. Wir alle möchten als Akteurinnen und Akteure beteiligt sein, wenn uns eine Situation betrifft, wobei Akteurinnen und Akteure mit einer gewissen »Macht« ausgestattet sein müssen. Hier könnte an die Stakeholder-Theorie von Freeman und die Definition der Akteurin oder des Stakeholders angelehnt werden: »A stakeholder [...] is any group or individual who can affect or is affected by the achievment of the organization's objectives« (zit. in Hentze & This 2014). Wobei aus neurobiologischer Sicht die Autonomie und ein Maß an Kontrolle für Akteurinnen und Akteure wichtig ist, um eine Annäherungsreaktion zu provozieren. Damit werden alle Stakeholder zu Beteiligten, und es gibt keine passiv Betroffenen mehr.

*Verbundenheit* gibt uns ein Gefühl von Sicherheit mit anderen. Für diese Verbundenheit geben wir viel. Natürlich befinden wir uns lieber im Kreis von Freundinnen und Freunden, als dass wir uns mit Gegnerinnen und Gegnern umgeben. Aber um sich verbunden zu führen, passen wir uns an, verändern unser Aussehen und akzeptieren neue Regeln. Wir möchten Teil einer Gruppe, einer Gemeinschaft sein und dazugehören. Das Gefühl, ausgestoßen zu sein, gründet auf dem Verlust der Verbundenheit mit dem Dorf, der Familie, der Gesellschaft. Der Ausschluss aus einer Gemeinschaft wurde auch als Strafe bei gravierendem Fehlverhalten eingesetzt (vgl. Pahl 2006, S. 288). Die neurobiologische Sichtweise bestärkt Bekanntes: Das Gefühl des Ausschlusses aus Gesellschaft oder Gemeinschaft kann zur Radikalisierung und Gewalt führen. So gesehen könnten Integration und Reintegration als Beziehungsreparaturarbeiten verstanden werden.

*Fairness* ist als Wahrnehmung von fairem Austausch zwischen Personen zu verstehen. Eine von allen gefühlte »gerechte« Form des Austauschs und eine gemeinsame Anerkennung von Vereinbarungen und Regeln sind Grundlagen für Fairness. Das Gefühl, unfair behandelt zu werden, löst nicht nur Unsicherheit aus, sondern auch eine gewisse Schutzlosigkeit. Wenn geltende Regeln und Vereinbarungen hinfällig sind, was gilt dann? Unfair behandelt zu werden, kann auch heißen, dass wir für etwas bestraft werden, büßen müssen oder etwas nicht erreichen können, ohne dass wir einen direkten Einfluss darauf haben oder einen Fehler gemacht hätten.

In Zeiten von Unsicherheiten und Konflikten werden sowohl unsere Wahrnehmung als auch unser Erinnerungsvermögen beschränkt. Das macht es viel einfacher, sich an die Verletzungen zu erinnern, an die Dinge, die uns einschränken. Das Schwarz-Weiß-Denken wird gefördert. Es ist generell viel schwieriger, sich an die positiven Dinge zu erinnern und wahrzunehmen, dass wir mit Menschen und nicht mit einer politischen Parole, einem Konzept oder einer Staatszugehörigkeit in Kontakt stehen.

Aus diesem Schwarz-Weiß-Denken kann sich ein enges und zerstörerisches Kommunikationsmuster entwickeln, das dazu führt, dass die Menschen nur noch in Allgemeinplätzen über sich selbst und andere reden. Die anderen werden als Feinde und Teufel charakterisiert. Das macht es einfacher, den anderen abzutun, Schlagworte und Stereotypsierungen zu nutzen und ihn auf Distanz zu halten. In diesem Prozess reden die Leute lieber nur mit Gleichgesinnten. Damit stärken sie wiederum ihre Sichtweise. Aus der Sozialpsychologie ist bekannt, dass Leute, die nur mit Gleichgesinnten reden, die extremsten Sichtweisen entwickeln. Es sind jedoch diese Sichtweisen, die die größte Chance haben, sich durchzusetzen.

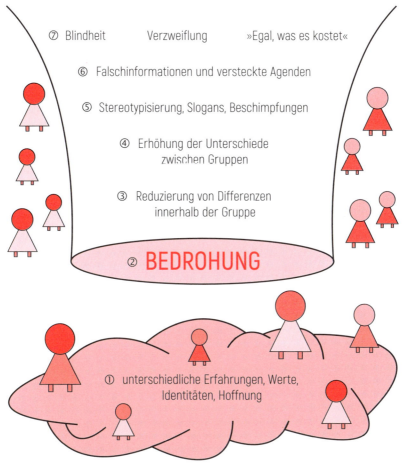

**Abbildung 5** Polarisierung – ein selbsterhaltendes System

In Abbildung 5 werden die verschiedenen Entwicklungsschritte hin zur erwähnten Polarisierung visuell dargestellt. Die folgenden Ausführungen dienen dem vertieften Verständnis der Grafik. Die in Klammern angegebenen Nummern verweisen hierbei auf die in der Abbildung dargestellten Schritte:

In einer Gemeinschaft leben gemeinsam verschiedene Personen, mit unterschiedlichen Erfahrungen, Werten, Beziehungen und Hoffnungen ①.

Es wird etwas als Bedrohung wahrgenommen, zum Beispiel die Ankunft fremder Menschen ②.

Innerhalb der jeweiligen Gruppen hat man das Gefühl, dass es keine Unterschiede zwischen den einzelnen Personen mehr gibt. Alle in der Gruppe scheinen gleich zu sein. Dafür wird der Unterschied zwischen den Gruppen umso größer. Die einen begrüßen die fremden Menschen, die anderen fürchten sich. Die Gruppen formieren sich entlang dieser Kriterien ③ & ④.

Es gibt »uns« und die »anderen« ⑤.

Es werden Lügengeschichten erzählt, es werden Fallen gestellt, um einander anzuschwärzen ⑥.

Verzweiflung löst Blindheit aus, welche bis hin zum Kriegsausbruch führen kann ⑦.

Wenn Menschen andere als die »anderen« charakterisieren, wird es einfacher, diese abzulehnen und sie zu verteufeln. Das kann eine entsprechend gleiche Antwort von Ablehnung zur Folge haben, was dann dazu führt, dass die Leute sich in Gruppen und Parteien separieren, jede Gruppe für sich, weil sie sich bedroht fühlen. In diesen Gruppen sind jeweils nur Gleichgesinnte. Man trifft sich mit denjenigen, die die gleiche Meinung teilen. Neugierde, Offenheit und Wohlwollen gegenüber anderen Sichtweisen werden dadurch ganz allgemein unwichtig. Scheinbare Einigkeit und Sicherheit, Druck, sich einzufügen, und Rechtsgläubigkeit gegenüber der eigenen Sichtweise dominieren stattdessen. Es entsteht ein selbsterhaltendes Muster:

- Lautstarke Gruppen sehen sich selbst als Hüter der richtigen Werte und Ziele; die anderen werden als ignorant, wenig wissend oder nur von persönlichen Interessen getrieben dargestellt.

- Im Gespräch unterbricht man einander; persönliche Angriffe werden normal.
- Gruppenmitglieder erinnern sich an Fakten, die ihre Sichtweise unterstützen und scannen ihre Gegner nach möglichen Lügen, falschen Absichten und Ignoranz.
- Die Menschen nutzen Parolen, Abkürzungen und Modewörter, um Themen, die von unterschiedlichen Menschen verschieden gesehen werden, zu pauschalisieren. Die Bedeutung dieser Sätze ist selten erläutert oder geklärt.
- Es werden wenige Fragen aufrichtig gestellt. Vermutungen über die Meinungen, die Absichten und die Werte der Gegner werden nicht überprüft.
- Es treten wenig neue Informationen zutage; die Gespräche und Sitzungen wiederholen sich.

In solchen Situationen gibt es keinen Raum für gemeinsame Entwicklungen, neue Ideen oder Innovationen. Um dieses Muster zu durchbrechen und langfristig eine andere, lernfreudige Kommunikationskultur zu installieren, ist einen Dialog-Prozess im Rahmen einer strukturierten Konversation nützlich, der im Folgenden skizziert wird:

Es helfen gemeinsam erstellte Kommunikationsvereinbarungen, klare und öffnende Fragestellungen für Meetings und ein straffer, strukturierter Sitzungsablauf. Die Kommunikationsvereinbarungen sind einfach und können aus nur wenigen Punkten bestehen, wie folgendes Beispiel zeigt.

**Vereinbarung für unsere Sitzung:**
- Unterbrechungen vermeiden,
- Sprechzeit teilen,
- Zeitgrenzen respektieren,
- Telefone aus- oder stumm schalten,
- soziale Medien nicht nutzen.

Wichtig ist, dass alle mit den Kommunikationsvereinbarungen einverstanden sind und ihnen zustimmen. Damit erhält die Sitzungsleitung oder die Moderation die Legitimation, die gemeinsamen Vereinbarungen im Lauf des Diskussion anzusprechen.

Der Sitzungsablauf kann bei weniger schwerwiegenden Unterschieden zwischen den verschiedenen Akteurinnen und Akteuren gemeinsam mit den Teilnehmenden vorbereitet werden. Auf diese Weise werden alle Teil des gemeinsamen Prozesses und Vorgehens, und niemand fühlt sich vor der eigentlichen Diskussion benachteiligt. Für die inhaltliche Diskussion bietet eine öffnende, zielführende Frage eine gute Orientierung.

Die Unterlagen zum Sitzungsablauf, die Fragestellung und die gemeinsam erstellten Kommunikationsvereinbarungen werden den Teilnehmenden zugestellt. Das ermöglicht ihnen, sich vorzubereiten, und zeigt auch, dass es Grenzen der Konversation gibt. Diese Grenzen erhöhen die Bereitschaft, offen zu sprechen, weil alle Teilnehmenden weniger Angst haben müssen, angegriffen zu werden.

Um zu den höher entwickelten Regionen des Gehirns, zum präfrontalen Cortex, Zugang zu erhalten, brauchen wir Zeit: Bedenkzeit. Zeit zum Überlegen, zum Denken und Fühlen und um auswählen zu können, wie wir antworten möchten. Das kann durch unterschiedliche Strukturierungspunkte unterstützt werden. Den an den Sitzungen beteiligten Personen werden Fragen gestellt, die zur Reflexion anregen und so eine Unterstützung bieten, um herauszufinden, welche Antwortmöglichkeiten ihnen zur Verfügung stehen. Dafür wird in der Sitzungsstruktur unterschieden: zwischen dem Stellen einer Frage, dem Überlegen und Notieren der Antwort und dem Antwortgeben. »Think, write, speak« nennen das Essential Partners, vormals Public Conversations Project, die diesen strukturierten Dialogprozess als Reflective Structured Dialogue entwickelt haben.

Es sind spezifische Schritte, die Zeit zum Überlegen geben und die helfen, sich Klarheit darüber zu verschaffen, was passiert und worauf wie reagiert werden kann. Das ist das, was Dan Siegel *Mindsight* nennt. *Mindsight* bedeutet, dass man weiß, was mit einem selbst passiert, mit seinen Gefühlen und Gedanken und man einen Sinn dafür haben könnte, wie es dem anderen geht. Je mehr *Mindsight* es in einer Kommunikation gibt, umso weniger treten Polarisierungen und Verhärtungen auf. Es gibt weniger destruktive Konflikte, dafür mehr gegenseitige Verbindungen. Deshalb braucht es im Dialog-Prozess Reflexionszeiten, damit *Mindsight* aufgebaut werden kann und die Kommunikation konstruktiver wird. Das heißt dann beispielsweise in einer Sitzung, dass zwei Minuten nicht gesprochen, dafür notiert wird, wie man die gestellte Frage beantworten möchte.

Mit diesem Vorgehen beachten wir unsere Bedürfnisse und gestalten, gewähren oder ermöglichen etwas, das vorher noch nicht da war. Dabei werden die Bedürfnisse berücksichtigt.

| Bedürfnis | gestalten, gewähren und ermöglichen |
|---|---|
| Status | Respekt |
| Sicherheit | Klare Erwartungen, Rollen, Ziele, Prozesse und Verantwortungen |
| Autonomie | Selbstbestimmung und wirksame Handlungen |
| Verbundenheit | Inklusion, Verbundensein |
| Fairness | gleiche Behandlung |

**Abbildung 6** Bedürfnisse und wie sie beantwortet werden können

Alle diese Komponenten des Dialogs kommen zusammen und bilden eine Atmosphäre, in der sich Menschen sicher genug fühlen, um sich mitzuteilen. Je mehr man sich mitteilt, umso höher ist die Wahrscheinlichkeit, dass man einander versteht. Und je mehr man sich verstanden fühlt, umso besser kann man dem anderen zuhören, seine Sichtweise erfassen und versuchen, diese zu verstehen. Kommunikationsmuster beginnen sich so zu verändern und führen dazu, dass sich auch Beziehungen verändern, die bisher eher gemieden wurden. Das Freund/Feind-Muster kann durchbrochen werden, und die Möglichkeit für ein neues Lernfeld entsteht. Das kann zu weiteren Diskussionen führen, zu einer Zusammenarbeit im Team und damit zu einem neuen Verständnis für sinnvolle zukünftige Produkte, Dienstleistungen und Angebote.

# Sichtweisen ändern

Unser westliches Denken ist geprägt von der logisch-rationalen Denkweise – vorwiegend rational, das heißt von Erkenntnissen und Überlegungsformen bestimmt, die wir mit unserer Tradition und dem uns bekannten bisherigen Wissen begründen und nachvollziehen können. Diese Denkweise ermöglicht uns, die Veredelungsprozesse entlang der Wertschöpfungskette in folgerichtigen Schritten darzustellen. Das hat seine Berechtigung und ist bei verschiedensten Gelegenheiten anwendbar. Betriebswirtschaftlich gesehen, ist dieses rationale Denken die Grundlage für zielgerichtetes Handeln und hervorragend geeignet für Material, das sich nicht selber organisiert, sondern durch Fremdeinwirkung gestaltet wird.

So herrscht mehrheitlich noch immer das klassisch-mechanistische, lineare Verständnis von Prozessen und Funktionsweisen vor, mit der Vorstellung, dass Veränderungen nur aufgrund von äußeren Einflüssen geschehen – das Resultat als direkte Wirkung der Ursache. Drückt man Knopf A muss sich das Resultat B einstellen. Abweichungen werden als Probleme gesehen. Diese Abweichungen zwischen »Ist und Soll« müssen analysiert und vollständig geklärt werden, damit alle Ursachen gefunden werden. Für diese Fehleranalysen werden viele Ressourcen zur Verfügung gestellt, mit dem Resultat, dass Teams mit der Mehrdeutigkeit in der Analyse konfrontiert sind. Je transdisziplinärer das Team arbeitet, umso schwieriger ist es, die »richtige« Sicht auf den Fehler einzunehmen. Zusätzlich liegt hinter der Fehleranalyse die Angst und Sorge, selber einen Fehler zu begehen. Zu viel von dieser Form der Fehleranalyse fördert auf individueller Ebene, der Mikroebene, Angst und Sorge und auf organisationaler Ebene, der Makroebene, eine Kultur der Vermeidung. Mitarbeitende und auch Vorgesetzte in Sorge arbeiten nach dem Motto: Lieber nichts tun, als etwas Falsches. Das führt dazu, dass man sich beispielsweise in Sitzungen im Rahmen dessen äußert, was in der Organisation als gesichertes Wissen gilt. Man spricht über das, was man weiß und kennt. Das gibt Sicherheit. Doch eine solche Atmosphäre erlaubt es nicht, neue Ideen zu denken, Lösungen zweiter Ordnung zu suchen, geschweige denn sie auszusprechen. Innovation und Entwicklung verstecken sich hinter diesem Erfahrungswissen. In der Natur von Analysen liegt auch deren Bedingtheit auf die zeitliche Dimension der Vergangenheit. Man kann nur analysieren, was war, was es bereits gibt und welches Denken dazu geführt hat. Damit bleiben wir in der Konzeption des Bekannten und Sicheren, auch wenn vordergründig Fragen diskutiert werden, die die Zukunft betreffen. Wir bleiben im bisherigen Muster, in der bisherigen Denkweise und Problemstellung. Ein Beispiel zur Illustration: Beim Aussprechen des Buchstabens »H« im Wort »Haus«, ist der Vokal »a« bereits im Konsonanten »H« enthalten. Das lässt sich leicht überprüfen, denn das ausgesprochene »H« im Wort »Hund« hat einen anderen Klang. Weil beim Wort »Hund« der Vokal »u« wiederum bereits im »H« im Ansatz eingelagert ist. Lösungen zweiter Ordnung finden darin keinen Platz.

Diese Ausführungen bedeuten nicht, dass Rückblicke und Analysen keine Berechtigung haben. Sie sollen ihren Platz haben, aber nicht als Prinzip dienen. Denn besorgte oder verunsicherte Mitarbeitende und Führungskräfte zügeln ihre Ideenkraft, bringen ihre Sichtweisen nicht ein, wenn diese etwas von der »Organisationsnorm« abweichen, und sie äußern weniger Kritik. Diese persönlichen und individuellen Entscheidungen gestalten die Mikroebene. Dabei haben sie auch eine Wirkung auf das Unternehmen auf der Makroebene. Diese beiden Ebenen sind miteinander verwoben. Beide Ebenen beeinflussen sich gegenseitig und gestalten bestimmte Eigenschaften. Diese Eigenschaften gewinnen eine Dynamik, die wiederum auf beide Ebenen einwirkt und sich selber verstärkt: eine autokatalytische Rückkoppelung. Wohin führt das? Hinein in die Struktur des Attraktors. Der Attraktor, lateinisch: ad trahere »zu sich hin ziehen«, ist ein in der Zukunft liegender Zustand, auf den sich ein System hinbewegt. In Abbildung 5 entspräche das dem Weg in Richtung Verzweiflung, in der Geschichte der Burg wäre es die Einnahme der Feinde gewesen, hätte man sich nicht einer Denkweise zweiter Ordnung bedient, einer Denkweise außerhalb der bisherigen Systemdynamik.

»Ohne das Verhalten der Teile, gäbe es keine Gesamtdynamik bzw. kein Feld. [...] Gleichzeitig bestimmt die Gesamtdynamik bzw. das Feld das Verhalten der einzelnen Teile. Für Menschen gilt, dass jeder in das Gesamtgeschehen gleichermaßen als Opfer und Täter eingewoben ist«, beschreibt es Jürgen Kriz in »Innovative Personal- und Organisationsentwicklung« (vgl. Kriz 2003).

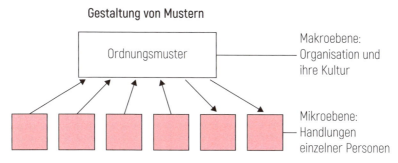

**Abbildung 7** Gestaltung von Mustern

Die Handlungen beeinflussen die Kultur und die Kultur beeinflusst Handlungen.

Das Verhalten auf der Mikroebene durch besorgte oder verunsicherte Mitarbeitende und Führungskräfte beeinflusst das Ordnungsmuster auf der Makroebene, wie der Abbildung zu entnehmen ist.

Es kann zu einer Kultur, einer Atmosphäre, einem impliziten Regelwerk führen, in dem Ideen nur erwünscht sind, wenn sie vom Chef oder der Chefin kommen. Das sind zwar individuelle, persönliche Entscheidungen auf der Mikroebene, sie werden aber durch die Makroebene, durch den Rahmen, in dem wir uns bewegen, beeinflusst. Durch das Verhalten der einzelnen Personen und Teams wird wiederum die Makroebene gestärkt, und die Kultur und Atmosphäre eines Unternehmens wird konsolidiert.

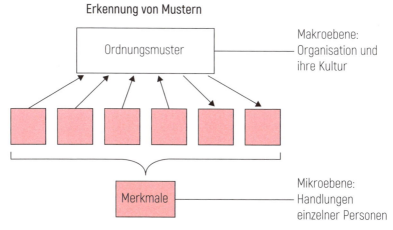

**Abbildung 8** Erkennung und gleichzeitige Erzeugung von Mustern

Je stabiler die Ordnungsmuster sind, umso schwieriger wird es, Veränderungen außerhalb der erkannten und erzeugten Merkmale wahrzunehmen. Man sieht alles durch die bekannte »Brille« und zieht seine Schlussfolgerungen.

Was heißt das für uns, ob als Mitarbeitende oder als Führungspersonen? Wir reagieren und handeln immer in einem Kontext. Dieser hat bestehende Ordnungsmuster. Diese ermöglichen oder verhindern bestimmtes Verhalten. Damit können wir uns nicht entschuldigen, wenn wir etwas nicht tun, aber es konstituiert einen gewissen Rahmen für das eigene Handeln und die eigenen Möglichkeiten. Das kennen wir beispielsweise aus Situationen, in denen wir gut vorbereitet und sicher in einem Thema sind und es uns gut geht; dann aber betreten wir den Raum, nehmen die Teilnehmenden, das Publikum wahr und nach ein paar Minuten beschleicht uns ein ungutes Gefühl. Zur Illustration ein Beispiel aus meiner Praxis:

**Beispiel 1**

Ich werde als Organisationsberaterin beauftragt, eine Strategieentwicklung zu begleiten. Mit einer Projektgruppe habe ich den ersten Workshop als Großgruppenanlass vorbereitet. Der erste Halbtag ist an einem Mittwochnachmittag im Dezember. Alles ist vorbereitet. Die Teilnehmenden treffen ein und setzen sich an die Tische. Der Geschäftsführer eröffnet den Workshop, begrüßt die Mitarbeitenden und übergibt mir die Moderation. Ich präsentiere das Detailprogramm mit den einzelnen Schritten für diesen Workshop und frage nach, ob es Fragen gäbe, bevor gemäß Programm gearbeitet wird. Von den Teilnehmenden gibt es keine Fragen. Ich aber frage mich, was das alles soll. Das Programm, das ich vorbereitet habe, kommt mir komisch vor, als wollte ich bei einer Beerdigung eine Hochzeitsrede halten. So unpassend erscheint mir mein Programm. Ich stehe neben dem Flipchart und überlege mir, was ich tun soll. Ich nehme all meinen Mut zusammen und erkläre: »Ich habe das Gefühl, dass das Programm nicht passt. Vielleicht ist das nur mein Gefühl und hat gar nichts mit der Stimmung hier zu tun. Wenn von Ihrer Seite keine Rückmeldung kommt, werden wir gemäß Programm arbeiten.« Dann meldet sich eine Teilnehmerin. Sie erklärt, dass sie es hier nicht mehr aushalte. Unter Tränen erklärt sie ihre Gründe. Der Nachmittag dient dazu, das auszusprechen, was schon länger in der Organisation gärt und die Weiterentwicklung verhindert.

In diesem Beispiel entwickelte sich wegen der individuellen Verhaltensweisen der Menschen ein Ordnungsmuster auf der Makroebene, das aus Sicht der Teilnehmenden so dominant war, dass sie sich dessen nicht entziehen konnten. Ordnung ist wichtig für uns. Ohne Ordnungsmuster müssten wir uns an jedem Tag neu orientieren, hätten keine Orientierungspunkte, an die wir uns halten können. Diese Komplexität würde uns überfordern. Trotz dieser Hilfe, die uns Ordnungsmuster geben, schränken sie uns gleichzeitig ein. Sie reduzieren nicht nur unsere Flexibilität, sondern auch unsere Wahrnehmung und damit unsere Innovationsmöglichkeiten.

**Beispiel 2**

»Ein Doktorand, mit Auszeichnungen und Diplomen versehen, kam zu Agassiz[1], sich den letzten Schliff geben zu lassen. Agassiz, der große Mann, reichte ihm einen kleinen Fisch und forderte ihn auf, ihn zu beschreiben.

Doktorand: ›Das ist einfach ein Sonnenfisch.‹

Agassiz: ›Das weiß ich. Beschreiben Sie ihn.‹

Nach wenigen Minuten kehrte der Student mit der Beschreibung des Ichthus Heliodiplokus zurück, Familie des Heliichterinkus, oder wie man sonst sagt, um den gemeinen Sonnenfisch dem allgemeinen Wissen vorzuenthalten, und wie man es eben in den einschlägigen Lehrbüchern findet.

Agassiz trug dem Studenten von neuem auf, den Fisch zu beschreiben. Der Student verfertigte einen vier Seiten langen Aufsatz. Agassiz hieß ihn dann, sich den Fisch anzusehen.

Drei Wochen später war der Fisch im fortgeschrittenen Zustand der Verwesung, aber der Student wußte etwas über ihn.«

(Pound 1962, zit. in Rumpf 2001)

Nach Horst Rumpf (2001), emeritierter Professor für Erziehungswissenschaft, war das Ziel Agassiz', dem Studenten zu ermöglichen, »vom schnell zu identifizierenden Exemplar hin zu dem von Unbekanntheiten und überraschenden Eigenheiten durchzogenen Diesda eines Wesens, dessen kühle Glitschigkeit in der Hand zu fühlen ist, zu gelangen. Das ist ein

---

1  Der gebürtige Schweizer Agassiz lebte von 1807 bis 1873 und lehrte als anatomischer Paläontologe an der Harvard University.

Gegenpol gegen die nur einordnende Wahrnehmung. Auch geht es ihm darum, Wissensbestände in ihrer Selbstverständlichkeit zu erschüttern. Dies alles beruht auf der These, dass Staunen und Zweifeln am Ursprung des Wissens zu stehen haben«.

**Abbildung 9** Wasseroberfläche

> **Reflexionsaufgabe:**
> Wie würden Sie das Bild beschreiben? Machen Sie sich heute ein paar Notizen hierzu. Schauen Sie sich das Bild und Ihre Notizen in einer Woche wieder an.

»The image is always more inclusive, more complex then the concept.«

Hillmann (2002, S. 54)

Heute sind wir, wie der Student von Agassiz, zu stark der »einordnenden Wahrnehmung« der Konzeptsprache verhaftet. Der Student beschreibt nicht, was er sieht, sondern was er über den Fisch und seine Familie weiß. Natürlich brauchen wir Konzepte, aber die reine Konzeptsprache hält uns gefangen in den Dingen, die bereits gedacht, gewusst und getan sind. Ein anderer Weg, über ein Bild zu sprechen, ist mit einer Sprache, die um das Bild herumspielt. Statt Bilder, Analogien und Metaphern in ihren bisherigen Deutungen einzusperren, können wir auf ihrer bildlichen Spur bleiben, sie explorieren und im Gespräch mit anderen auch Aspekte entdecken, die wir vorher nicht gesehen haben. Nicht alles kann über Text und Wörter erschlossen werden. Rainer Maria Rilke kritisiert es wie folgt:

> »Aber man wird einmal aufhören müssen, ›das Wort‹ zu überschätzen. Man wird einsehen lernen, daß es nur eine von den vielen Brücken ist, die das Eiland unserer Seele mit dem großen Kontinent des gemeinsamen Lebens verbinden, die breiteste vielleicht, aber keineswegs die feinste. Man wird fühlen, daß wir in Worten nie ganz aufrichtig sein können, weil sie viel zu grobe Zangen sind, welche an die zartesten Räder in dem großen Werke gar nicht rühren können, ohne sie nicht gleich zu zerdrücken. Man wird es deshalb aufgeben, von den Worten Aufschlüsse über die Seele zu erwarten, weil man es nicht liebt, bei seinem Knecht in die Schule zu gehen.«
>
> Rainer Maria Rilke (1991)

Wörter sind »grobe Zangen« und voller Doppeldeutigkeiten. Wenn wir versuchen einen kleinen, aber klaren Unterschied zu benennen, ist dies anspruchsvoll und braucht viel Zeit und Text. Bilder werden schneller wahrgenommen, sie sind konkreter und doch vermitteln sie uns das Gefühl der fantasievollen Möglichkeiten. »Das Geschenk eines Bildes ist, dass es einen Platz bietet, um die Seele dabei zu betrachten, was sie tut« (Hillmann 1983). Der amerikanische Psychotherapeut und Philosoph James Hillmann weist mit dieser Aussage auf die tiefe Wirkung von Bildern hin. Bilder bieten Innovations- und Spielräume.

Anstatt in die Konzeptsprache zu wechseln oder über die eigenen Gefühle zu sprechen, die ein Bild, eine Metapher auslösen, können wir über die Konfusion sprechen, die die Sprache auslöst, wenn wir über ein Bild sprechen: »Der Fisch hat einen grüngelben Fleck mit bräunlichen Rändern unterhalb der Schwanzflosse. Gräulich-bräunliche Farbtupfer, ungefähr 2 mm klein, sind an der Flosse zu sehen.« Wenn wir beschreiben, was wir sehen, denken wir nicht mehr an Konzepte oder unsere Gefühle, wir beobachten das Phänomen und sehen phänomenologisch, was passiert. Aufmerksam und fasziniert sind wir von all den Details, die wir sehen. Statt festzulegen, was es endgültig ist, finden wir zu einer vielfältigen Wahrnehmung und verfeinern damit unser Wahrnehmungs- und unser Sprachvermögen. Es ist eine neue Aufmerksamkeit auf das, was mit den

Sinnen im aktuellen Moment wahrgenommen wird. Für diese Aufmerksamkeit braucht es ein bisschen Zeit und Stille. Stille auszuhalten, ist für viele unserer Kolleginnen und Kollegen eine große Herausforderung – nicht nur in der Zusammenarbeit.

Zu einer Frage, die uns beschäftigt, können wir ein Bild wählen. In der Stille, im Gespräch mit dem inneren Team, können wir uns fragen, wo wir uns heute selbst sehen oder wo wir in der Zukunft sein möchten. Oder wir fragen uns, was wir in diesem Bild tun oder tun möchten. Dieses Vorgehen lokalisiert unmittelbar den eigenen Standpunkt, macht ihn für einen selbst und andere transparent und bewirkt, dass man sich selbst ein bisschen besser versteht. Diese Selbstreflexion und Introspektion, die Kultivierung des persönlichen Innenlebens, braucht aber Grenzen. Sonst führt sie aus Sicht von James Hillmann zu einer Charakterstörung, dem Narzissmus. »Narzissmus wurde 1922 von Freud als ein Fehler oder eine Störung der ›Objekt Libido‹, des Verlangens, in die Welt hinauszugreifen, beschrieben. Stattdessen fließt das Verlangen nach innen und aktiviert unsere isolierte Subjektivität. Die Schönheit der Welt berührt uns dann nicht mehr, nichts zieht unsere Aufmerksamkeit auf sich. Weil uns diese Schönheit der Welt nicht mehr ruft, suchen und finden wir Schönheit in der Selbstbetrachtung.«

»Aisthesis«, der Wortstamm von Ästhetik, wird im Neugriechischen mit »über die Sinne« übersetzt und im Altgriechischen mit »Atem«. Eine Wirklichkeit als Sinneswahrnehmung – als etwas, das passiert. Damit ist Schönheit in seiner Natur phänomenologisch. Die Phänomenologie, die Lehre von den Erscheinungen, wie Knill und Eberhart (2009) sie beschreiben: »Take the thing for what it is and let it talk« (Knill & Eberhart 2009, S. 14), interessiert sich für diese »erste« Erfahrung von der Welt. Diejenige Erfahrung, die vor der Theoriebildung oder der wissenschaftlichen Festlegung liegt. Nach dem französischen Phänomenologen und Professor für Philosophie, Maurice Merleau-Ponty, sind wir als wahrnehmende Geschöpfe, als empfindende Körper auf der Welt. Dieses Wahrnehmen und Empfinden stellt einen aktiven und dynamischen Prozess, eine aktive Beteiligung und keinen passiven Empfang dar. Wahrnehmen heißt Anteilnahme. Die Welt und wir selber existieren durch die Bedeutung dieser Anteilnahme. Welt und Mensch sind ineinander verflochten und greifen ineinander über.

Ästhetik also als etwas, das jemandem in der Begegnung mit etwas passiert. Das Schöne ist ein Ereignis. James Hillmann sagt: »Beauty is the very sensiblity of the cosmos« (Hillmann 2004). Es existiert, wenn und weil es passiert. Das ist eine Antwort, die es aufgegeben hat, das Schöne als ein »Ding« zu charakterisieren, weil jede Charakterisierung falsch oder beschränkend wäre und gewisse Arten von Erfahrungen[2] ausschließen würde.

Die Philosophin Dorthe Jørgensen meint, dass uns Schönheit eine Einsicht offeriert, unabhängig davon, ob das, was erscheint, ein Mensch, eine Szene aus der Natur, ein täglicher Gegenstand oder ein Stück Kunst ist. Schönheit gibt uns die Einsicht, dass da etwas ist, das einen Wert in sich selbst trägt. Sie meint, dass es keinen Sinn macht, sich politisch zu engagieren oder politische Wissenschaften zu betreiben, um die Welt zu retten, wenn wir nicht verstanden haben, dass bestimmte Dinge einen Zweck außerhalb sich selbst haben. Die Probleme der Welt werden wahrscheinlich nur dann eines Tages gelöst sein, meint Jørgensen, wenn jedermann das versteckte Geheimnis des Schönen verstanden habe: dass Dinge existieren, die tatsächlich einen eigenen Wert in sich selbst haben (vgl. Jørgensen 2006).

Nun dürfen wir die Organisation und ihren Zweck nicht aus den Augen verlieren: Es ist nicht das oberste Ziel eines Unternehmens, einer Institution oder einer Verwaltung, den Mitarbeitenden Selbstverwirklichung zu ermöglichen und sie Sehnsucht zu lehren. Doch die Worte von Antoine de Saint-Exupéry werden oft zitiert: »Wenn du ein Schiff bauen willst, dann trommle nicht Männer zusammen, um Holz zu beschaffen, Aufgaben zu vergeben und die Arbeit einzuteilen, sondern lehre sie die Sehnsucht nach dem endlosen, weiten Meer« (Saint-Exupéry 2009).

In der heutigen Arbeitswelt geht es selten um das Entdecken eines weiten, endlosen Meeres. Viel wichtiger sind kurzfristige Handlungen oder, um in der Metapher des Schiffsbaus zu bleiben, es geht um das Holz und das Brett.

Meine berufliche Sozialisation war geprägt von zwei Orientierungsmustern: der individuellen Leidenschaft und der Identifikation mit dem Unternehmen. Die individuelle Leidenschaft kann auch als Egoismus

---

2   Nach Knill stellt Erfahrung einen Sammelbegriff für Denken, Fühlen, Körperempfinden, Wahrnehmen, Erinnern etc., bezogen auf den einzelnen Menschen dar. Erfahrungen sind kontextabhängig (vgl. Knill 2005, S. 62).

beschrieben werden. Ein Beobachterartikel aus dem Jahr 2000 meinte zu den neuen Egoisten, dass sie sich wenig für Politik interessieren, keine ehrenamtliche Arbeit übernehmen und den Satz »Man muss ein Schwein sein in dieser Welt, man muss gemein sein in dieser Welt« mögen. Florian Illies, damals 29-jähriger Kulturredaktor der »Frankfurter Allgemeinen Zeitung«, beschrieb das Lebensgefühl der 25- bis 35-Jährigen, der »Generation Golf«. »Wir lieben es, gute Laune zu haben, und wir möchten uns diese gute Laune nicht verderben lassen. Wir haben keine Lust, uns einen Abend lang über die Kurdenverfolgung im Nordirak die Köpfe heiß zu reden, weil das zu anstrengend ist«, gab er zu Protokoll (Homann, Müller & von Tobel 2000). Stattdessen gehe die »Generation Golf« ins Fitnessstudio, trinke Cappuccino, kümmere sich ums eigene Wohlergehen und pflege den Kurs der »eigenen Ich-AG«. Politik sei langweilig, und wenn schon wählen, dann sicher jene Politiker, die die schönsten Anzüge trügen.

Nebst dieser Ich-AG wurde Identifikation erwartet. Als Mitarbeitende müsse man sich mit der Arbeit identifizieren. Wir sollen die Selbstverwirklichung finden, damit wir dauerhafte Hochleistungen erbringen. Ich fragte mich, weshalb ich mich damals als kaufmännische Angestellte mit einem Sanitärgeschäft identifizieren müsse, um beispielsweise eine Offerte fehlerfrei und korrekt zu erstellen. Oder warum sich ein Metzger mit seinen Würsten identifizieren müsse, um ein guter Metzger zu sein?

Das ist schon lange her. Heute ist alles anders. Ist alles anders? Die Ich-AG ist noch vielerorts aktiv, vor allem wenn es um Belohnungssysteme geht. In gewissen Organisationen und Netzwerken relativiert sie das aber etwas. Vom »Ego zum Eco-System« heißt beispielsweise ein Engagement des Presencing Institutes und die Social-Entrepreneurin und Öko-Unternehmerin Thato Kgathlhanye äußert sich dezidiert: »Wir müssen unseren Egoismus ablegen« (Kgathlhanye 2017).

In Sachen Identifikation mit dem Unternehmen bin ich zum Schluss gekommen, dass es manchmal besser ist, eine gesunde Distanz zur Arbeit zu haben, um eine gute, kontinuierliche Leistung zu erbringen. Nicht jede Veränderung in der Organisation wird damit zur persönlichen Identitätskrise.

Wäre das nicht auch eine angemessene Antwort auf die kurzfristigen Handlungsstrategien zur Maximierung des Selbstwertgefühls und des Einkommens von Vorstandsmitgliedern zum Schutz der eigenen Autonomie? Etwas mehr Besonnenheit im Wissen darum, dass in einem halben Jahr alles wieder umgestellt wird?

Doch hierarchisch orientierte Führungspersonen lancieren manchmal Interventionen ohne Kenntnisse des Faktors Zeit und ohne Wissen über die Dynamiken selbstorganisierter Systeme. Stattdessen lassen sie sich leiten von Selbstmarketing und Statusdenken. Doch sind es auch die Dynamiken der Makroebene, die treiben: Kurzfristige Controlling-Berichte vermehren den Druck, ein schnelles Resultat präsentieren zu können. Unsorgfältige Hektik kann zum Ordnungsmuster führen. In einem solchen Umfeld braucht es für Mitarbeitende immer wieder Gelassenheit und Distanz zur beruflichen Tätigkeit. So werden sie freier und furchtloser. Lieb gewonnene Arbeitsabläufe lassen sich dann leichter verändern, und die sich verändernde Organisation wird weniger als persönlicher Feind betrachtet.

Kann eine Organisation als Feind gesehen werden? Eine Organisation ist keine Person, kein Gegenstand, keine Skulptur und keine Zahl. Früher wurde das Ding »Organisation« gerne mit dem Bild der Maschine dargestellt. Heute sind es Formen und Metaphern aus der Natur, mit denen wir das Ding »Organisation« zu erklären versuchen. Wir haben unzählige Hilfsmittel im Berufsleben, die uns helfen unsere »Organisation« zu verstehen. Es gibt ein Organigramm, Abläufe, Stellenbeschreibungen, eine Corporate Identity und vieles mehr. Allem gemeinsam ist, dass es immer verschiedene Perspektiven gibt – und nicht die eine Wahrheit. Jede Mitarbeiterin, jeder Mitarbeiter arbeitet in der Art und Weise, die aus der jeweiligen Perspektive aufgrund der beruflichen Sozialisation, der kulturellen Einbettung und der Persönlichkeit am nützlichsten und sinnvollsten erscheint. Diese Mitarbeitenden-Sicht kann komplementär zur Sicht des Chefs, der Chefin stehen. Viele Vorgesetzte interpretieren eine andere Meinung als Veränderungsresistenz oder Widerstand. Eine andere Sichtweise kann aber auch als Bereicherung gesehen werden, um die gemeinsame Sache besser zu machen. Dafür braucht es Vorgesetzte mit der Fähigkeit zum Dialog und einer Orientierung an der Macht der Ideen.

Um das gemeinsame Ziel einer Organisation zu erreichen, braucht es oft mehrere Personen mit unterschiedlichen Aufgaben. In der Aufbauorganisation sind die Teilaufgaben zur Erfüllung der Gesamtaufgabe in eine hierarchische Beziehung zueinander gestellt. Die Teilaufgaben sind unter einer Berufsbezeichnung mit einem Wort zusammengefasst, zum Beispiel eine Ärztin, ein Buchhalter, ein Magaziner, eine Bäckerin, ein Maurer, ein

Coach, eine Organisationsberaterin. Das sind Berufsbezeichnungen und auch Rollen (wie von Schauspielen in silbern glänzenden Ritterrüstungen und purpurenen Gewändern). Hinter ihnen steht eine Summe von Erwartungen. Die Erwartungen, angesiedelt auf der Makroebene unserer Kultur, werden auf den einzelnen Menschen gerichtet und beeinflussen sein Handeln. Rollen sind unsere Ordnungsmuster. Am besten erkennt man sie, wenn die Grenzen verletzt werden und jemand sich nicht in der Art und Weise an seine Rolle hält, wie wir es erwarten.

Es war zum Beispiel einmal eine Zeit, da gab es erste Fahrräder und Frauen, die auch Fahrradfahren wollten, oder Marathons und Frauen, die auch mitlaufen wollten. Das entsprach aber nicht der damaligen Vorstellung der Rolle »Frau«. So wurden Gründe gefunden und formuliert, die Frauen vom Zweiradfahren oder Marathonlauf fernhalten sollten. Kathrine Switzer war die erste Frau, die am Boston-Marathon mitlief. Sie erhielt nur eine Startnummer, weil sie auf der Anmeldung nur den Anfangsbuchstaben ihres Vornamens notierte und daher niemand bemerkte, dass sie eine Frau ist. Frauen war der Zugang verweigert, weil man befürchtete, dass der Uterus herausfällt (vgl. Switzer 2012).

Es gab einmal eine Zeit, da gab es Männer, die am Mittwoch mit den Kindern auf dem Spielplatz waren. Das entsprach nicht der Vorstellung der Rolle »Mann«. So wurden Gründe gefunden und formuliert, warum Kinderhüten nichts für »echte Kerle« ist.

**Beispiel**

Hans hat nach langer Stellensuche endlich wieder einen Job gefunden. Er hat sich sehr über die neue Stelle gefreut. In der Institution für behinderte Erwachsene hat er vor eineinhalb Monaten angefangen. Motiviert und mit Freude arbeitet er mit den Kolleginnen und den Bewohnerinnen und Bewohnern im Heim. Seine alte Ausbildung im gestalterischen Bereich bringt er gerne ins Team ein. Er freut sich, dass die Bewohnerinnen und Bewohner seine Angebote annehmen und malen und gestalten. Letzte Woche wurde ihm gekündigt. Aus seiner Sicht völlig überraschend.

Die kleine Episode zeigt, dass die Arbeit von Hans von dessen Chef ganz anders wahrgenommen wurde, als Hans das vermutete. Hans nahm an, dass sein Chef zufrieden sei, wenn es die Bewohnerinnen und Bewohner auch sind. Er war zweifelsfrei davon überzeugt, dass es eine gemeinsame

Werthaltung gibt. Doch sein Chef hat sich durch weitere Werte, beispielsweise die stabile Zufriedenheit oder den Unwillen zur Veränderung im Team, leiten lassen, gewisse Handlungen anders interpretiert und Schlussfolgerungen gezogen.

Wie kommt es, dass wir aus der gleichen Handlung so verschiedene Schlussfolgerungen ziehen?

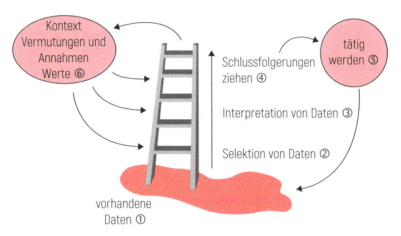

**Abbildung 10**  Leiter der Schlussfolgerungen

Alles, was wir sagen und tun, oder auch was wir nicht sagen und nicht tun, ist Teil des »Meers der vorhandenen Daten« ①. Bereits in der Wahrnehmung der Daten haben wir eine Auswahl ② getroffen. Wir wählen also aus dem vorhandenen Datenmaterial die für uns relevanten Daten aus. Diese Auswahl ist bestimmt durch unsere Werte und Glaubenssätze, unsere Vermutungen und Annahmen und den Kontext ⑥.

Diese ausgewählten Daten interpretieren wir ③, geben ihnen eine Bedeutung und ziehen unsere Schlüsse. Wir interpretieren, was wir sehen, auf Basis unserer Werte, des Zusammenhangs und unserer Vermutungen ⑥. Wenn wir unsere Schlussfolgerungen gezogen ④ haben, handeln ⑤ und kommunizieren wir entsprechend. Damit reichern wir das »Meer der vorhandenen Daten« ① mit weiteren Daten an, nähren unsere Werte, unsere Vermutungen und bestärken die Zusammenhänge (s. Seite 37).

Je vielfältiger eine Organisation ist und je unterschiedlicher die Berufe, die Religionen, die Sprachen und die Kulturen sind, die in einer Organisation miteinander verbunden sind, umso größer ist das Potenzial für Konflikte und Missverständnisse. Nicht nur wegen der besonderen, einzigartigen Menschen, die dort arbeiten und zwischen denen manchmal die »Chemie nicht zu 100 Prozent stimmt«, sondern auch, weil die Mitarbeitenden Werte und Denkweisen aus verschiedenen Berufen, aus unterschiedlichen Sprachen und aus verschiedenen Kulturen mitbringen. Diese Besonderheiten sind aber nicht nur in interkulturellen Teams zu finden. Auch wenn ein Team aus einem Sprach- und Kulturkreis kommt, gibt es Unterschiede, die nicht nur auf die Verschiedenheiten der Menschen zurückzuführen sind. Unterschiedliche Arbeitsaufteilung und Aufgabenstellungen in den Beschreibungen der Stellen führen bereits zu Vielfalt und Verschiedenheit. Wenn beispielsweise eine Organisationsentwicklerin den Change-Prozess einer Softwarefirma begleitet, muss zuerst der Begriff Change-Management geklärt werden. Sowohl die Organisationsentwicklerin als auch die IT-Expertinnen verstehen sehr gut, was der Begriff bedeutet – und doch: Es ist nicht dasselbe.

Wenn Führung als gemeinsame Beziehung definiert wird, dann geht damit auch eine gemeinsame Verantwortung für diese Beziehung einher. Führungshandeln in einer Sitzung mit IT-Expertinnen und einer Organisationsentwicklerin wahrzunehmen, könnte beispielsweise heißen, seine Wahrnehmung einzubringen und darauf aufmerksam zu machen, dass Change-Management verschiedene Bedeutungen haben könnte. Angenommen, Sie würden während einer Sitzung merken, dass es ein Missverständnis gibt. Sie sind aber nicht in der Leitungsrolle. Wer gibt Ihnen die Erlaubnis und die Legitimation, das Thema auf die Tagesordnung zu setzen oder es einzubringen?:

- Sie sich selbst. Darin liegt der Kern der Frage bezüglich Ihrer Selbstbestimmung. Selbstbestimmung eignet man sich an, und sie braucht Mut. Es ist viel einfacher, es nicht zu versuchen und dafür später die mangelnde Klärung zu kritisieren.
- Die zweite Erlaubnis kommt von Ihren Kolleginnen und Kollegen. Wenn diese Ihre Sichtweise teilen, wird Ihr Anliegen diskutiert. Und wenn nicht? Wenn die Kolleginnen und Kollegen den Vorschlag nicht aufnehmen? Vielleicht ein Vorschlag, der mit Mut und Mühe eingebracht und dann abgelehnt wurde?

Das wäre sicher eine Enttäuschung. Das darf uns enttäuschen. Es ist möglich, dass wir durch die Einschränkungen des Kontexts, das Ordnungsmuster auf der Makroebene, ausgebremst werden. Meistens fühlen wir uns dann verärgert und bedroht. Bei Bedrohung übernimmt, wie oben dargelegt, das limbische Systeme das Zepter, und wir gleiten in Vermeidungsreaktionen. Damit treten unsere Kompetenzen, unser Wissen und unsere Erfahrungen in die hintere Reihe. Genau in diesem Moment aber sind sie gefragt. Gleiten wir in die Bedrohungsfalle, wird es schwierig für den Dialog, und der Austausch von Überlegungen und Argumenten kann zur Konfliktzone werden. Wenn wir uns wegen der Ablehnung bedroht fühlen, agieren wir wie ein verwundetes Tier. Aber wir sind nicht verwundet, nur dazu herausgefordert, uns zu erklären. Es geht darum, unsere Sichtweise zu beschreiben und zu erklären, damit sie zugänglich und nachvollziehbar wird, damit wir uns mit den Kolleginnen und Kollegen besser verstehen. Das ist keine Garantie, dass die eigene Sichtweise von anderen geteilt und übernommen wird, aber ohne das Aussprechen der eigenen Sichtweise und ohne den entsprechenden Dialog gibt es mit Garantie keine gemeinsame Sichtweise.

Die Wirkung der Führungsbeziehungen zeigt sich in der gemeinsamen Kommunikation: Wie begründen wir Entscheide? Woran orientieren sich Vorstandsmitglieder und Personen in Führungspositionen, wenn sie Entscheidungen treffen, die die gemeinsame Zukunft angehen? Wurden unterschiedliche Sichtweisen einbezogen, herausfordernde Fragen gestellt, und wurde darüber nachgedacht? Können wir statt »noch mehr des Gleichen« unsere Denkweisen verändern und neue Lösungen finden?

Wenn die Sprache der Wörter und die Sprache des Körpers bei den Kolleginnen und Kollegen übereinstimmend wirken, wenn die Kommunikation eigenständige Spiel- und Gedankenräume öffnet, wenn wir das Gefühl bekommen, gemeinsam an einem Ort zu stehen und in die gleiche Richtung zu schauen, dann entsteht ein positives Umfeld. Das unterstützt positiv die Ursache-Wirkungs-Beziehung zwischen den verschiedenen Ebenen und stärkt auf der Makroebene die Fähigkeiten des Teams. Es sind die kollektiven Gefühle, die als übergeordnete Ordnungsmuster das Arbeitsumfeld bestimmen. Kollektive Gefühle sind verführerisch, denn sie werden je nach Absicht, Perspektive und Wahrnehmung als taktisches Werkzeug eingesetzt. Dann werden sie als kommunikatives Druckmittel verwendet, beispielsweise in Sätzen, die schubladisieren und stereotypisieren: »Das sagen alle« oder »unsere Mitarbeitenden sind ...«. Ein Gefühlsmessgerät, wie zum Beispiel den Barometer für den Luftdruck, das außerhalb unserer persönlichen Interpretation liegt, gibt es nicht. Eine Frage nach dem eigenen Wohlergehen aber können alle beantworten, und wenn die Antwort mit einem Punkt auf einer Skala von 1 »zutiefst miserabel« bis 10 »rundherum fantastisch« verbunden wird, ergibt sich ein einfach ablesbares Resultat. Es ist wiederum ein Leichtes, das Resultat als nichtssagend vom Tisch zu wischen, wenn es einem nicht gefällt. Auch bei groß angelegten Umfragen zur Arbeitszufriedenheit kann das Management mit taktischen Kommunikationssprüngen Erkenntnisse und Schlussfolgerungen im Sinne der eigenen Machterhaltung vornehmen, statt Veränderungen zur Verbesserung der Organisation voranzutreiben. Die Atmosphäre der kollektiven Gefühle hat nicht nur einen Einfluss auf die Leistungen, sondern auch auf die Art und Weise, wie Leistungen erbracht werden.

Eine Organisation ermöglicht dann eine hohe Zufriedenheit in einer Wissensgesellschaft, wenn sich Mitarbeitende als Wissensträgerinnen und -träger mit all ihren Intelligenzen einbringen und beteiligen. Nicht nur Vorgesetzte und Führungspersonen bringen sich ein, um die gemeinsame Vision zu verbessern, auch Mitarbeitende stellen ihre Sichtweise zur Verfügung, auch wenn sie nicht explizit gefragt werden. Eine neue Rolle für Mitarbeitende? Wir alle wissen, es ist einfacher, hinter vorgehaltener Hand im Rahmen des »Wir-Kreises« zu kritisieren als mit den »anderen« zu diskutieren. Es braucht das Wissen, die Sichtweise und die Beteiligung aller, damit gemeinsames Lernen möglich wird. Es müssen nicht immer alle *leidenschaftliche Nonkonformisten* sein, das scharfe *Auge des Adlers*, der auf alle Details achtet, ist ebenso wichtig, wie der *Coach*, der andere unterstützt – es geht darum, sich als Teil eines Teams, einer Organisation oder eines Netzwerks zu sehen und sich einzubringen und den Reaktionen der Kolleginnen und Kollegen mit Neugierde zuzuhören.

Der *leidenschaftliche Nonkonformist*, das *Adlerauge* und der *Coach* – in einem Artikel von INSEAD, einer der weltweit größten und renommiertesten Business Schools, beschreibt der gebürtige Brasilianer und heutige US-Bürger Miguel M. Noguerol drei für eine Führung in eine gute Zukunft relevante Aspekte (Noguerol 2017):

- In der Zeichnung des *leidenschaftlichen Nonkonformisten* verbindet Noguerol Enthusiasmus und Optimismus mit einer klaren Vision für eine gute Zukunft und der Absicht, diese umzusetzen. Die innere Leidenschaft und intrinsische Motivation generiert konstruktive Aktionen hin zur Erreichung von personalen und organisationalen Zielen. Als leidenschaftlicher Nonkonformist ist man nicht nur optimistisch und glaubt an positive Entwicklung, sondern man engagiert sich auch für positive Resultate und versucht diese herbeizuführen. Emotionale Leadership-Fähigkeiten wie Enthusiasmus und Optimismus, Innovation und Kreativität sowie Flexibilität finden sich hier. Es besteht eine klare Absicht und das Ziel, etwas verwirklichen zu wollen.

- Das *Adlerauge* illustriert einerseits die Fähigkeit, ein breites Spektrum von Aktivitäten im Auge zu behalten und dabei gleichzeitig die Selbstbestimmung und den Blick für Details nicht zu verlieren. Dadurch kann vorausschauend gehandelt werden, auf die täglichen Herausforderungen können wir einwirken und sie beantworten. Mit dem *Adlerauge* gewinnt die Leidenschaft an Perfektion, um gemeinsam die Vision zu erfüllen. Der Einfluss der gemeinsamen Führung setzt sich zusammen aus einer Vision, die im Einklang mit Ethik, Prinzipien und Werten ist. Im Detailblick des *Adlerauges* sieht Noguerol auch die Lebensbalance und die Stresstoleranz. Der Blick des *Adlerauges* erlaubt es auch, die Dinge zu betrachten, auch wenn sie nicht so sind, wie man sie sich wünscht.
- In den Facetten des *vertrauensvollen Coachs* ist die Idee von Leadership enthalten, die soziale Beziehungen, sinnvolle Arbeit und den einzelnen Menschen im Blick hat. Verlangt werden Achtsamkeit und Großzügigkeit hinsichtlich der Unterschiede der Menschen, die auf den unterschiedlichen Ebenen der Aufgabenentwicklung mitarbeiten. Wir alle sind verschieden, wir haben verschiedene Verhaltensweisen und Stilformen. Ein offenes Arbeitsumfeld ist hier gemeint, in dem sich jeder Mensch frei aussprechen kann und Zusammenarbeit und gemeinsames Lernen möglich sind. Respekt und Vertrauen werden als Schlüsselelemente in die Teams eingebracht, damit sich Hoffnung, Verbundenheit und Freude gestalten können.

Die Verbindung dieser Facetten ergibt eine Excellence in der gemeinsamen Arbeit, die wir als Mitarbeitende, Kooperationspartner und Kundinnen fühlen können. Normalerweise sind Mitarbeitende auf ihre eigenen Aufgaben konzentriert, um eine exzellente Leistung zu erbringen. In der Verbundenheit auf eine gemeinsame Zielvision hin wird aber auf die gemeinsame Leistung fokussiert, und es entsteht eine authentische und natürliche Ausdrucksform und Eleganz.

Die unterschiedlichen Fähigkeiten und Intelligenzen, die Menschen besitzen und die gemeinsam für eine gute Zukunft eingesetzt werden können, sind als Ergänzung und Anreicherung zu sehen und nicht als Konkurrenz. Die folgende Aufzählung listet die sieben Intelligenzen von Howard Gardner mit zwei gekennzeichneten Anpassungen* auf:

- *linguistisch*: die Sensitivität zum Schreiben und Sprechen, die Fähigkeit, Sprachen zu lernen und die Kapazität, die Sprache zu nutzen, um bestimmte Ziele zu erreichen;
- *logisch-mathematisch:* das Vermögen, Probleme logisch zu analysieren, mathematische Operationen auszuführen und Inhalte wissenschaftlich zu untersuchen;
- *musikalisch:* die Fertigkeiten und Fähigkeiten zur Performance, Komposition und Wertschätzung musikalischer Muster;
- *körperlich-kinästhetisch:* die Fähigkeit, die Bewegungen des eigenen Körpers zu kontrollieren, manuelle Fertigkeiten und der Zugang zu leibseelischem Wissen (im Sinne des Potenzials des eigenen Körpers);
- *räumlich:* das Potenzial, Muster in weiten Feldern und beschränkten Gebieten zu erkennen und zu bearbeiten, Transformationen umzusetzen aufgrund der ursprünglichen Wahrnehmung;
- *empathisch*[3]: in dem Sinn, Absichten, Motivationen und Wünsche anderer Menschen zu erkennen;
- *Mindsight*[4]: die Kompetenz, sich selber zu verstehen, die eigenen Gefühle zu schätzen und Ängste und persönliche Beweggründe zu erkennen.

Die Zusammenarbeit in Richtung gemeinsame Zukunftsgestaltung erfolgt ähnlich einem Orchester, das exzellente Musikerinnen und Musiker in einem gemeinsamen Stück verbindet. Manchmal kann man in gewissen Augenblicken während einer Symphonie tatsächlich Innovation oder Kreativität in Aktion beobachten, zum Ausdruck gebracht in überraschenden Momenten, die uns berühren und unsere Sinne aktivieren. Die Kunst transformiert uns nicht nur mit dem, was sie beinhaltet, sondern mit dem, was sie in uns kreiert: die Konstellation von Interpretation. Offenbarungen und emotionale Wahrheiten erhellen wie selbstverständlich das, was aus dem Inhalt entsteht. Das führt dazu, dass man meinen könnte, dass der Inhalt

---

3 Gardner bezeichnet diese Intelligenz als interpersonal.
4 Bei Gardner wird diese Intelligenz als intrapersonal bezeichnet.

der kreative Output ist. Aber Kunst transformiert uns genau deshalb, weil sie Gewisses nicht beinhaltet; sie entsteht dadurch, dass wir etwas erhalten und interpretieren. Übertragen wir diese Analogie aus der Kunst in den Kontext von Leadership, dann wirkt und transformiert uns Leadership, weil wir etwas erhalten, das Raum lässt für unsere Interpretation.

Damit steht nicht nur die Frage des Inhalts, sondern auch die Frage der Form im Zentrum. Führungspersonen und Vorstandsvorsitzende sind eingeladen, solche Anreizsysteme zu überprüfen: nicht mehr nur den Outcome zu messen, die Zahlen zum Verkauf, zur Produktion, zum Umsatz, sondern auch die Stärke der Beziehungen, die gezeigte Zusammenarbeit und das Commitment mit dem Teamerfolg. Aus Sicht von Matthew Francis, einem australischen Award Winning HR Professional, Change & Culture Architect, braucht es für den Unternehmenserfolg solche Ziele und Kriterien. Natürlich ist deren Gestaltung herausfordernd und schwieriger zu bestimmen, als ein paar Zahlen zu notieren. Wenn man sich aber an den SMART-Prinzipen orientiert, heißt: spezifische, messbare, aktionsorientierte, realistische und terminierte Kriterien definiert, dann garantieren diese etwas, das bedeutungsvoll ist für alle Mitarbeitenden, mit oder ohne Führungsambitionen. Damit verändert sich auch die Vorstellung von Karriere. Neu bedeutet diese, Gestaltungsmöglichkeiten zu erhalten, die eigene Sichtweise angstfrei mitteilen zu dürfen und in den eigenen Aufgaben Sinn zu finden und dabei seine Persönlichkeit zu erhalten.

Das folgende aus unbekannter Quelle stammende Zitat, das fälschlicherweise oft Albert Einstein zugeschrieben wird, bringt zum Ausdruck, dass Vielfalt in der Natur liegt – auch in der Natur des Menschen.

> »Everybody is a genius. But if you judge a fish by its ability to climb a tree, it will live its whole life believing that it is stupid.«

**Abbildung 11** Fairness und Diversity kann heißen: unterschiedliche Fähigkeiten für unterschiedliche Aufgaben

Es wurde eine Veränderung der einordnenden Wahrnehmung, der Konzeptsprache, aufgezeigt, hin zu einer Wahrnehmung von Unbekanntem und überraschenden Eigenheiten. Damit werden bisherige Wissensbestände in ihrer Selbstverständlichkeit erschüttert, ohne dass dies allzu bedrohlich wirkt, denn gemeinsam Neues zu lernen, ist spannend. Neues entsteht immer aus dem Bisherigen, hat verschiedene Facetten und braucht je nach Thema, Organisation, Umfeld und Zeitgeist mehr vom einen und dafür weniger vom anderen.

Die tatsächliche Herausforderung sind die »geschützten Arten«, wie Matthew Francis sie nennt. Damit sind Mitarbeitende gemeint, die wichtige Verbindungen haben, beispielsweise zu Mitgliedern der Geschäftsleitung, dem Verwaltungsrat, zu Investorinnen oder Politikern. Wenn diese nicht Teil des gemeinsamen Ganzen werden wollen und ihren destruktiven Weg weiterführen, sind sie fast unberührbar. Das hat eine zweifache Wirkung:

- Einerseits auf der Mikroebene: Die Kolleginnen und Kollegen in deren unmittelbarer Nähe ärgern sich und werden enttäuscht – vielleicht gehen einige Mitarbeitende, weil sie einfach nicht bereit sind, in dieser Umgebung zu arbeiten.
- Andererseits auf der Makroebene: Wird dieses Verhalten verstärkt, kann sich daraus ein Ordnungsmuster auf der Makroebene ergeben und wird somit Teil der Kultur. Je länger das Verhalten geduldet wird und je stärker es eingebettet ist in die Kultur, desto anspruchsvoller ist es, es zu verändern.

Die Verschiedenheit der Menschen hat unterschiedliche Gründe. Sie liegen einerseits in den Innenwelten, den Persönlichkeiten und den Eigenheiten der Personen. Andererseits aber auch in der Außenwelt und im gemeinsam gestalteten sozialen Raum. Innen- und Außenwelt sind miteinander verwoben und gleichzeitig aufeinander einwirkend. In diesem Webmuster von innen und außen bewegt sich auch die Gestaltung der Möglichkeitsräume.

# Möglichkeitsräume einnehmen

Angenommen, es gäbe Raum für Unbekanntes und Spielräume für Ideen. Lassen wir es zu, dass Ideen statt Hierarchien führen? Was wäre, wenn nicht die Autorität der Rollen »weil ich Chef bin« oder »weil sie die Chefin ist« bestimmend wäre, sondern eine Führung durch Ideen »weil es eine interessante Idee ist«? Wenn eine Kultur der Neugierde tonangebend ist und Mitarbeitende den Möglichkeitsraum erhalten und sich nehmen, um Ideen für eine bessere Zukunft auszuprobieren und zu besprechen? Was passiert, wenn sich eine Idee, eine Vision für eine gute Zukunft bei einer Person einnistet und es für die Umsetzung andere Menschen und deren Intelligenzen braucht? Diese Person steht im Spannungsfeld von sich selbst, den anderen und der Arbeit.

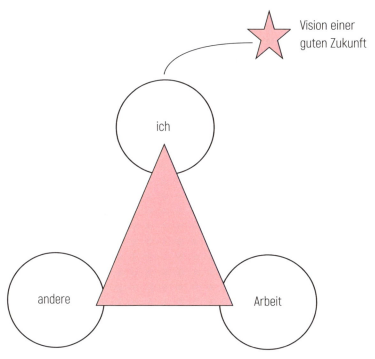

**Abbildung 12** Menschen im Spannungsfeld

Die erste Klärung ist die nach innen gerichtete Frage: Will ich dieser Idee Raum geben? Wie alles, das in der Welt wächst und gedeiht, brauchen auch Ideen Zeit, um sich zu entfalten. Sobald klar wird, dass einen die Idee nicht loslässt, beginnt der gemeinsame Prozess im Kontext der Arbeit. Es sind mehrere Stufen, die je nach Komplexität länger oder kürzer sein können. Neue, noch nicht da gewesene Ideen müssen eine Feuertaufe bestehen, um zu wachsen und als Fortschritt und nicht nur als humorvolle Einlage gesehen zu werden.

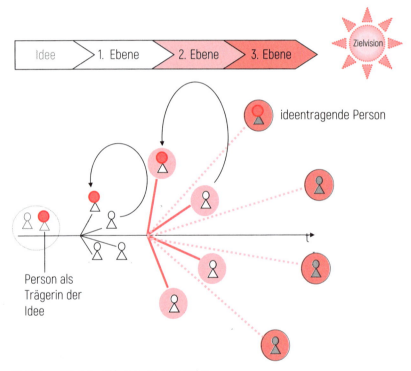

**Abbildung 13** Entwicklungsweg einer Idee

Der Entwicklungsweg einer Idee kann folgendermassen geordnet werden:

- *Idee:*
  Ideen entstehen im Austausch mit Personen. Sie formen sich im Raum zwischen den Personen. Vielleicht liegen sie schon in der Luft. Sie müssen einen Platz finden bei einer Person, um geprüft zu werden. Damit wird eine Person zum Träger/zur Trägerin einer Idee.

- 1. Ebene:
  Auf der ersten Ebene suchen wir Personen, zu denen wir Vertrauen haben und die uns verzeihen, wenn wir allenfalls etwas »Absurdes« erzählen. Das Aussprechen von etwas Neuem ist immer mit einem Risiko verbunden. Ideen können belächelt werden. Deshalb sucht man in einem ersten Schritt, für einen ersten Austausch Personen, die einem wohlwollend gegenüberstehen und vor denen man sich nicht lächerlich macht. Es ist ein erster persönlicher Kreis, in dem die Idee »ausprobiert« wird und der erste Rückmeldungen gibt.

- Reflexionsschlaufe 1. Ebene:
  Die Person mit der Idee überprüft die Rückmeldungen und entscheidet, welche sie aufnimmt und welche nicht. Vielleicht ist die erste Resonanz sehr positiv, und die Idee erhält Zuspruch. Es ist auch möglich, eine kritische Rückmeldung und den Hinweis, wie schwierig und anspruchsvoll die Umsetzung ist, zu erhalten. Etwas Neues in die Welt zu bringen, ist selten leicht und einfach. Wenn die Idee nicht schwächer wird, lohnt es sich, den nächsten Schritt zu machen.

- 2. Ebene:
  Die Person mit der Idee präsentiert den aktualisierten Stand einem etwas breiteren, aber noch immer vertrauensvollen Feld. Je vielfältiger und breiter das Fachwissen ist, welches das Publikum einbringt, umso reicher und wertvoller ist die Diskussion. Dabei ist es hilfreich, die Rückmeldungen des Publikums aufmerksam aufzunehmen – einerseits durch gutes Zuhören, andererseits auch körperlich-kinästhetisch mit den verschiedenen Ohren des inneren Teams – und die eigenen Gefühle als Resonanzkörper der Diskussion wahrzunehmen.

- Reflexionsschlaufe 2. Ebene:
  Vielleicht wird die Ursprungsidee zu einer gemeinsamen Idee oder es entsteht etwas Neues. Vielleicht ist zu diesem Zeitpunkt auch das Ende der Umsetzung erreicht. Die Person mit der Idee überprüft die Rückmeldungen und die eigene Wahrnehmung und entscheidet, welche der Rückmeldungen sie aufnimmt und wie sich die Idee auf die eigene Balance und die eigenen Ressourcen auswirkt. Die Idee aktualisiert, konkretisiert und verändert sich. Vielleicht ist es nun eine Gruppe statt nur einer Einzelperson, die die Idee verfolgt.

- **3. Ebene:**
  Die ideentragende Projektleitung oder die Interessengemeinschaft steht ein für eine gemeinsame Idee. Mit diesem Schritt wird die Idee zur tragenden Identität der Gruppe. Die Person mit der anfänglichen Idee wird Teil der Gruppe. Je nach Kontext und Ressourcen übernimmt die Person mit der ersten Idee die Projektleitung, oder die Projektleitung für eine erste Projektphase wird von jemandem aus der Gruppe übernommen. Das Projekt erhält ein Prozessdesign und wird umgesetzt. Damit erhält das neue Projekt seine Gestalt und wird, wenn es sich erfolgreich entwickelt, zum neuen Angebot, zum neuen Produkt, zur Dienstleistung oder, wie am folgenden Beispiel des Tropenhauses Wolhusen gezeigt werden kann, zur neuen Organisation.

In größeren und kollektiven Veränderungsprozessen, wie das folgende Beispiel Tropenhaus zeigt, können gewisse Schritte immer wieder durchlaufen werden. Dabei ist jede Rückkopplung eine Stärkung, auch wenn sie den Prozess verlangsamt und vordergründig unnötig erscheint. Jede Auseinandersetzung mit der Zielvision trägt zur Veränderung in Richtung Zielvision bei. In der kurzen Geschichte des Tropenhauses Wolhusen zeigen sich die Schritte von der Idee bis zum Bau des zweiten Hauses.

**Beispiel Tropenhaus Wolhusen**

In Wolhusen steht ein Stück Luzerner Energiegeschichte: Das Tropenhaus lockt heute Besucherinnen und Besucher aus der gesamten Schweiz an. Seecon GmbH hat das Entwicklungsprojekt 20 Jahre begleitet – von der Idee bis zur Umsetzung. Johannes Heeb beschreibt es wie folgt:

»Südliches China, Mitte der 90er-Jahre, Polykulturlandschaften im südlichen China: Hier werden Wasser- und Nährstoffkreisläufe in Landwirtschaft, Fischproduktion und industrieller Lebensmittelverarbeitung genutzt. Dies verbessert die Produktion und minimiert negative Umweltauswirkungen. Im Auftrag der Schweizer Entwicklungsarbeit arbeiten Partner der Firma Seecon GmbH am Aufbau des Bejing Ecological Engineering Centers (BEEC) mit« (Seecon 2017).

Im Kanton Luzern, acht Jahre früher: Als Mitglied der parlamentarischen Energiekommission beantragt Johannes Heeb zusammen mit Ratskolleginnen und -kollegen aus allen Parteien, einen Abwärmenutzungsartikel in das neue Energiegesetz aufzunehmen. Mit dem Artikel soll das große »Energiepotenzial Abwärme« weit über die bisherigen Nutzungen bei Kehrichtverbrennungsanlagen hinaus gefördert werden. Der Antrag wird angenommen.

Luzern, 1997: Das Amt für Umweltschutz des Kantons Luzern erteilt den Studienauftrag, mögliche Nutzungsmöglichkeiten für die Abwärme der Transitgas-Gasverdichtungsstation Ruswil zu entwickeln. Die Transitgas AG transportiert in einer Pipeline Erdgas durch die Schweiz. Das Gas wird in der Luzerner Gemeinde Ruswil verdichtet. Bei der Verdichtung entstehen große Mengen Abwärme. Der Ausbau der Gaspipeline Ende der 90er-Jahre aktiviert den Abwärmenutzungsartikel des Energiegesetzes. Mit dem Wissen der chinesischen Polykultursysteme entwickeln die Partner von Seecon die Idee eines Tropenhauses (→ *Idee*). Es sollen tropische Früchte und Fische produziert werden. Eine Idee, die in der Region ein Lächeln auslöst (→ *Reflexionsschleife 1. Ebene*, Feuertaufe). Deshalb gründen Vertreter der Gemeinde Ruswil, Landwirte und weitere Interessierte eine Interessengemeinschaft, die als Trägerverein das Projekt unterstützt (→ *2. Ebene*). Der chinesische Polykulturspezialist Yan hilft dabei, die Komplexität der chinesischen Anlagen auf die Fläche von 1500 m² zu übersetzen. Das Tropenhaus wird nahe der Transitgas-Gasverdichtungsstation erstellt und in Betrieb genommen. Die Einzigartigkeit löst nationales Interesse aus.

Zwei Jahre nach der Eröffnung der Anlage werden die ersten »Rusmuler« (Ruswiler) Bananen geerntet. Die Umsetzung ist »in der Region angekommen«. Die Bevölkerung beginnt sich mit »ihren Tropen« zu identifizieren. Nationale und internationale Forschungsprojekte nutzen die Erfahrungen. Immer mehr Besucher/-innen informieren sich über Polykulturen und nachhaltige Entwicklung. Das Interesse an gastronomischen Angeboten steigt. So entsteht ein neues Geschäftsmodell, das Produktion, Besuchergarten, Restaurant und den Verkauf von Produkten verbindet. Das Tropenhaus Ruswil kann dies nicht realisieren, weil es zu klein ist. Die Interessengemeinschaft beschließt die Vorwärtsstrategie, gründet eine Aktiengesellschaft und sucht einen Standort für das Folgeprojekt (→ *3. Ebene*).

Aus dem Tropenhaus Ruswil wurde das Tropenhaus Wolhusen. Hunderte von Kleinaktionärinnen und Kleinaktionären zeichnen Aktien, ein großer Detailhändler steigt als Hauptaktionär ein. 2010 wird das Tropenhaus Wolhusen eröffnet.

Heute arbeiten rund 50 Personen in der Produktion, im Restaurant, im Besuchergarten, im Shop und in der Administration, und die Geschichte des Tropenhauses Wolhusen wird weitergeschrieben.

# Veränderungen umsetzen

Neues in die Welt zu bringen und Ideen umzusetzen ist immer verbunden mit Lernen. Sobald bisheriges Wissen nicht mehr ausreicht, lernen wir. Lernprozesse sind immer auch Veränderungsprozesse, und es gibt keine Veränderung ohne Lernprozesse.

Für Veränderungsprozesse sind Methoden und Modelle des Change-Managements hilfreich. Dabei ist die gemeinsame Zielidee, die Imagination der gewünschten Zukunft, der sogenannte Attraktor, ein Kernelement. Die Zielidee, die Vision, der imaginäre Zielzustand und das damit einhergehende Werden-Wollende, ist Orientierung und Referenzpunkt für den Verlauf des Veränderungsprozesses. Sie ist einerseits genügend klar, um mit einer Geschichte, einem Bild, einer Melodie und vielleicht einem Geschmack mit anderen Menschen geteilt zu werden; gleichzeitig aber ist sie nicht eingrenzend und beschränkt sich nicht nur auf einen Kopf. Es ist nicht der eine Mensch, der mit halbgottähnlichen Kräften die Welt aus den Angeln hebt, um Veränderungen herbeizuführen, und auch nicht der spirituelle Guru, der seinen Anhängern in manipulativer Manier ein besseres Leben verspricht. Veränderungen resultieren aus einem gemeinsamen Prozess. Die Zielvision bietet die Orientierung und die Stabilität für die Veränderung. Diese Stabilisierung öffnet den Spielraum und die Interpretationen auf den verschiedenen Umsetzungsebenen. Ein Prozessdesign für den gemeinsamen Lernprozess ist partizipativ aufgebaut. Es zeigt den möglichen Weg einer Organisation oder eines Systems in Richtung Zielvision. Es ermöglicht eine übergeordnete Orientierung über die Arbeitsweise auf verschiedenen Ebenen und ordnet sich auf einer Zeitachse (s. Abb. 14).

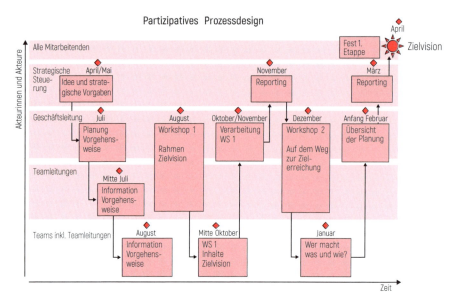

**Abbildung 14** Partizipatives Prozessdesign

Angenommen, eine Idee hat ein gewisses Interesse geweckt. Sie wird auf strategischer Ebene diskutiert: Wohin könnte eine Umsetzung führen? Mit welchen Konsequenzen wäre zu rechnen? Was wäre möglich? Verändert die Idee die strategische Planung, oder kann sie eingebettet werden? Passt die Idee in die Werte der Organisation?

Wird das Vorhaben hinsichtlich der Zielidee in den Rahmen der strategischen Planung eingebettet und mit den Werten der Organisation konkretisiert, geht die Arbeit auf der operativen Ebene weiter. Die Unterscheidung zwischen strategischen Überlegungen und operativer Umsetzung lohnt sich auch für kleinere Betriebe. Insbesondere bei Unternehmerinnen und Eigentümern, die für beide Ebenen besorgt sind, ist das operative Geschäft stark führend. Umso wichtiger ist es, ab und zu die »Flughöhe« zu verändern, auf die höher gelegenen strategischen Ebenen zu wechseln und die Fragen aus dieser Perspektive zu besprechen.

Auf der operativen Führungsebene wird eine Vorgehensweise zur Umsetzung geplant. Die Teamleitungen werden über die Zielvision und die Vorgehensweise informiert. Im Weiteren werden die Teams über das geplante Vorgehen informiert. Die Kommunikation ist somit stufengerecht. Die Vorgehensweise illustriert, dass sowohl die Teams als auch die Teamleitungen zweimal über die Zielidee und die Umsetzungsmöglichkeiten diskutieren können. Das ist nicht nur eine unnötige Repetition. Der zweite Workshop ist eine Art Überprüfung, die den Teilnehmenden eine Vertiefung und Verdichtung des bereits Gedachten und Gesagten erlaubt. Die Wiederholung nimmt Zeitdruck, reduziert Stress und stabilisiert die Veränderung. Gleichzeitig besteht natürlich das Risiko, den Gegnern des Projekts wieder Raum für Protest zu geben. Dieser wird aber nur erneut laut, wenn es zwischen den beiden Workshops nicht gelingt, Vielfalt einzubinden und Meinungen zu integrieren.

Im ersten Workshop im August stellt die Geschäftsleitung die Zielidee und die gewünschte Zukunft der Organisation als Rahmen zur Verfügung. Was wäre hilfreich in Bezug auf die Umsetzung? Worauf muss besonders geachtet werden? Die Antworten und möglichen Vorschläge zur Umsetzung werden den Teams, beispielsweise von den Teamleitungen, Mitte Oktober vorgestellt. Diese werden diskutiert, hinterfragt, vertieft und konkretisiert. Die Rückmeldungen werden gesammelt und auf die Ebene der operativen Leitung zurückgespielt.

Die Erfahrungen und Erkenntnisse aus dem ersten Workshop in den Teams dienen als Grundlage für die weitere Gestaltung des zweiten Workshops im Dezember mit der Geschäftsleitung und den Teamleitungen. Während dieser Phase können einzelne Punkte der Umsetzung konkretisiert und die Planung für die zweite Phase in den Teams verfeinert werden. Andere Punkte werden vielleicht neu formiert, andere werden fallen gelassen. Bei unterschiedlichen Personen auf der operativen und strategischen Ebene empfiehlt sich ein Reporting auf der strategischen Ebene. Werden die strategische und operative Ebene in Personalunion geführt, lohnt sich ein Zeitfenster, um die Rückmeldungen der Teams mit den Absichten der strategischen Planung und den Werten zu vergleichen. Sind wir auf dem Weg zur Zielerreichung? Leben wir unsere Werte, wie wir sie beispielsweise im Leitbild notiert haben? Müssen oder wollen wir etwas ändern?

Der zweite Workshop mit den Teams im Januar konkretisiert die gemeinsam getragenen Maßnahmen zur Umsetzung der Zielvision. Hier gilt es, erste Möglichkeiten zur Umsetzung zu nutzen, damit die ersten Veränderungen sichtbar werden. Die Zielvision wird dadurch bereits langsam sichtbar. Vielleicht gibt es weitere Maßnahmen, die noch besprochen werden müssen? Dann braucht es im Veränderungsprozess eine zweite Phase. Auch wenn es weitergeht mit einer zweiten Phase, die erste Phase abzuschließen, ist wichtig. Ein geselliges Zusammentreffen mit Umtrunk und Häppchen im Sinne der Wertschätzung für die gemeinsame Arbeit illustriert das Erreichen eines Meilensteins.

Es ist ein Top-down- und Bottom-up-Prozess, der zwar charakteristisch ist für die Struktur eines Change-Management-Prozesses. Hier aber sind Top-down oder Bottom-up nicht hierarchisch, sondern perspektivisch zu verstehen.

### Organisationale Perspektiven statt hierarchische Führung

Die organisationale Perspektive erklärt sich am einfachsten als Analogie im Raum: Wenn jemand in einem Heißluftballon übers Land fliegt, dann sieht er bei guter Sicht und klarem Blick die nächsten Dörfer, Bäume, Hügel und Straßen. Im Frühling sieht man von oben gut die klaren, gelben Flächen der blühenden Rapsfelder. Die Details am Boden sind unscharf und teilweise gar nicht sichtbar.

**Abbildung 15** Blick von oben: Rapsfeld

Geht man unten aber auf der Erde den Weg entlang des blühenden Rapsfelds, sieht man, wie fließend die Grenzen zwischen Rapsfeld, Wiese und Weg sind. Während des Gehens auf der Erde sieht man vielleicht auch Überraschendes, wie zum Beispiel einen Fuchs, der neben dem Rapsfeld auf Nahrungssuche ist.

**Abbildung 16** Blick von unten: Rapsfeld

Personen im Heißluftballon erkennen aufgrund ihrer Perspektive weder Füchse noch die Details der unscharfen Grenzen. Und die Personen neben Rapsfeld und Wiese können aufgrund ihrer Position im Raum die nächsten Dörfer nicht sehen. Ein vollständiges Bild über die verschiedenen räumlichen Besonderheiten findet sich nur durch eine Kommunikation in einer Beziehung auf gleicher Augenhöhe.

Je nach Position im Raum verändert sich die Perspektive. Genauso verändert sich die Perspektive in Organisationen. Die Perspektive ist abhängig davon, wo man steht und was man betrachtet. Die Organisation wird als dreidimensionaler Raum verstanden, in dem wir uns je nach Aufgabe positionieren. Die Perspektive ist eine organisationale, die abhängig ist von der jeweiligen Position und Aufgabe. Je operativer die Aufgaben sind, umso differenzierter und detaillierter ist die Perspektive, je strategischer sich die Aufgabe gestaltet, umso verschwommener und unklarer sind die Details und umso weiter ist der Horizont. Jede organisationale Perspektive hat ihre Besonderheit und ihren Mehrwert sowie ihre Schwächen und Defizite.

Die Verbindung der verschiedenen Perspektiven wird nicht nur durch den Inhalt, sondern auch durch den gemeinsamen Prozess gestaltet, der Raum lässt für Neues, für Unbekanntes und Überraschendes: die prozessorientierte Vorgehensweise.

Anhand des Märchens »Das Ei« von Hans Bemmann lässt sich verstehen, was mit Prozess im Sinne von Veränderungen gemeint ist:

> Es war einmal ein Bauer, der hatte drei Söhne. Und als er in die Jahre kam, begannen sie, ihn zu bedrängen, er solle entscheiden, wem von ihnen er seinen Hof übergeben wolle. Da rief der Bauer seine Söhne eines Tages zu sich und sagte: »Weil ihr nun einmal keine Ruhe gebt, will ich euch auf die Probe stellen, damit ich erkenne, wer von euch am besten zum Hoferben taugt. Binnen Jahresfrist sollt ihr also herausfinden, was das für ein Ding ist, das ich euch jetzt gebe. Bis dahin aber will ich von euch kein Wort darüber hören«, und dabei gab er jedem von ihnen ein Ei.
>
> Als das Jahr vergangen war, rief er die drei Söhne zu sich in die Stube und fragte sie, was sie über das Ding herausgefunden hätten. Der Älteste zuckte mit den Schultern und sagte: »Ein Ei ist ein Ei. Ich habe es am nächsten Morgen zum Frühstück gegessen. Was soll man sonst damit anfangen?«
>
> »Schade«, sagte der Bauer. »Nun hast du nichts mehr in der Hand, womit du mir beweisen könntest, dass dieses Ding tatsächlich ein Ei gewesen ist.«
>
> »Da war ich klüger«, sagte der zweite der Söhne und zog das Ding, das ihm sein Vater gegeben hatte, aus der Tasche. »Ich habe es in meine Schublade gelegt und dort aufgehoben, damit ich es dir heute zeigen kann. Es ist wirklich ein Ei.«
>
> »Das soll ein Ei sein?« sagte der Bauer, nahm es ihm aus der Hand und schlug die Spitze ab. Da quoll aus dem Ding ein dermaßen hanebüchener Gestank, dass es allen in der Stube den Atem verschlug. Der Bauer riss das Fenster auf, warf das Ding hinaus auf den Misthaufen und sagte: »Mehr als dieser üble Geruch ist dabei wohl nicht herausgekommen.« Dann wandte er sich an den dritten Sohn und fragte ihn, ob er ihm sagen könne, was für ein Ding er von ihm vor einem Jahr bekommen habe.
>
> »Das ist eine lange Geschichte«, sagte der Jüngste. »Zunächst habe ich das Ding, das wie ein Ei aussah, einer Henne heruntergeschoben. Sie hat es ausgebrütet, und aus dem Ding schlüpfte ein Küken, das heranwuchs, und dann war das Ding mit einem Mal ein tüchtiger Hahn. Als ich ihm eines Morgens Körner streuen wollte, hatte ihn in der Nacht der Fuchs geholt. Nur eine schöne Schwanzfeder lag noch da. Die steckte ich mir an den Hut, und so war das Ding nun eine Feder an meinem Hut. Aber die Sache mit dem Fuchs wurmte mich doch. Deshalb lauerte ich ihm auf, und als er wieder um den Hühnerstall schlich, brannte ich ihm eins auf den Pelz,

dass er alle Viere von sich streckte, zog ihm das Fell über die Ohren und gab es zum Gerben. Nun war das Ding auch ein schöner Fuchspelz, denn der Fuchs hatte ja meinen Hahn gefressen.

Das alles geschah um die Zeit der Kirchweih. Ich setzte also abends meinen Hut auf und ging zum Tanzboden. Keiner von den anderen Burschen hatte eine so schöne Feder am Hut, und so schauten sich die Mädchen nach mir um, besonders eines, auf das ich es schon längst abgesehen hatte. Wir tanzten miteinander und merkten auch sonst, dass wir gut zusammenpassten. Da schenkte ich dem Mädchen den Fuchspelz und fragte es, ob es meine Frau werden wolle. Das Mädchen war einverstanden, und so ging ich zu ihrem Vater, um zu erfahren, ob er mich zum Schwiegersohn haben wolle. Da er nichts dagegen einzuwenden hatte, war das Ding jetzt nicht nur eine Feder an meinem Hut und ein Fuchspelz für mein Mädchen, sondern auch noch meine Braut. Sie heißt übrigens Katrin und wartet draußen.«

»Dann bring sie herein, damit ich sehen kann, was aus dem Ding geworden ist«, sagte der Vater. Da ging der Jüngste zur Tür und brachte seine Braut in die Stube. Sobald sie über die Schwelle getreten war, blieb sie stehen, hielt sich die Nase zu und rief: »Pfui Teufel! Ist bei euch immer ein solcher Gestank?«

»Nein«, sagte der Bauer. »Daran ist dieser Dummkopf schuld, der meint, ein Ei bleibt ein Ei, wenn man es für ein Jahr in die Schublade legt. Mein Jüngster scheint da, wenn ich dich so anschaue, beträchtlich klüger gewesen zu sein; denn er hat immerhin herausgefunden, dass dieses Ding, das wie ein Ei aussah, inzwischen eine Feder an seinem Hut, ein Fuchspelz für sein Mädchen und nun auch noch seine Braut geworden ist.«

»Wenn das nur schon alles wäre«, sagte der Jüngste. »Nächste Woche wollen wir heiraten, und wenn ich mir vorstelle, dass Katrin ein Kind zur Welt bringt und dieses Kind zu gegebener Zeit so ein Ding in die Hand bekommt, wie du es mir vor einem Jahr gegeben hast, dann mag der Himmel wissen, was noch alles draus werden soll. Ich kann dir jedenfalls noch lange nicht sagen, was das für ein Ding war, das wie ein Ei aussah.«

»Man kann nicht immer gleich alles wissen«, sagte der Bauer. »Aber du sollst meinen Hof bekommen, denn du bist ein Mensch, der sich nicht damit zufrieden gibt, dass die Leute dieses oder jenes so oder so nennen.«

Bemmann (2001)

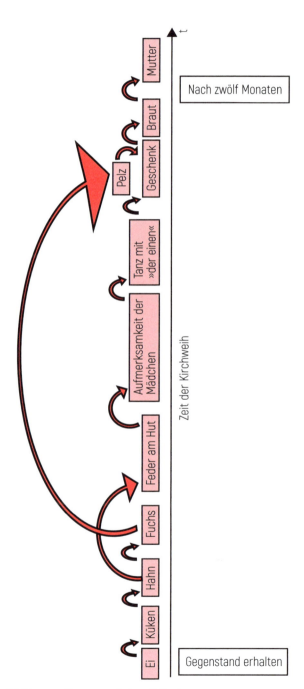

**Abbildung 17** Linearer Prozess auf einer Zeitachse

In der Geschichte des jüngsten Sohnes präsentiert sich der »Prozess« als eine Ordnung von elf Elementen, die miteinander in Verbindung stehen. Jedes Element ist ein Prozessschritt, der aus dem Vorhergegangenen neu entsteht.

> »Entwicklung besteht nicht aus neuen Entdeckungen, die die alten Wahrheiten streichen und zu Verirrungen stempeln. Entwicklung besteht aus plötzlichem Aufleuchten, das dem Blitz ähnlich ist, aus Explosionen, die wie die Feuerwerkkugeln am Himmel platzen, um ein ganzes ›Bukett‹ verschieden leuchtender Sterne um sich zu streuen. Dieses Aufleuchten zeigt mit blendendem Licht neue Perspektiven, neue Wahrheiten, die im Grunde nichts anderes sind, als die organische Entwicklung, das organische Weiterwachsen der früheren Weisheit, die durch diese letzte nicht annulliert wird, sondern als Weisheit und Wahrheit weiter lebt und erzeugt.«
>
> Wassily Kandinsky (zit. in Roethe & Hahl-Koch 2004, S. 46)

Alle Veränderungsprozesse gestalten sich in Prozessschritten, unabhängig davon, ob sie absichtlich geführt werden wie im Prozessdesign oder eher zufällig entwickelt werden wie im Märchen »Das Ei«. In der Illustration des Prozessdesigns (vgl. Abb. 17) werden sie als einzelne Elemente dargestellt:

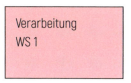

**Abbildung 18**  Prozessschritt im Prozessdesign

Der Prozess einer Veränderung kann hin zu neuen Arbeitsweisen und neuen Gestaltungs- und Erkennungsmustern auf der Mikro- und Makrobene einer Organisation geführt werden. Folgende Qualitäten dienen der Führung eines prozessorientierten Wandels:

| Qualität | Beschreibung | Umsetzung |
|---|---|---|
| S für Sensibilisieren | Einstimmen der beteiligten Sinne, bspw. durch Bilder und Geschichten, die mit der Zielvision in Verbindung stehen<br><br>Abstecken und Erkunden des Rahmens: bspw. strategische Planung, Orientierung an den Werten | Entdecken und sich kundig machen über das »Terrain«<br><br>Wie ist das Ordnungssystem? Wer spricht wie über die Organisation, über die anderen und über sich selbst? |
| E für Explorieren | Ergründen, Erforschen und Entdecken von Möglichkeiten und eine Auswahl treffen | Erarbeiten von Vorschlägen<br><br>Wie könnte die Umsetzung auf der jeweiligen Ebene aussehen? |
| R für Repetieren | Wiederholen von wichtigen Themen, zirkuläres Fragen und Perspektivenwechsel | Umsetzungsvorschläge überprüfen (lassen)<br><br>Themen in der Wiederholung vertiefen, weitere Umsetzungsmöglichkeiten entwickeln |
| A für Anerkennen | Anerkennen des Neuen, des Sein-Wollenden und Werdenden | Erste Umsetzungsschritte, sogenannte »Quick Wins«, verwirklichen und evtl. feiern |

**Abbildung 19** Prozessqualitäten im Change-Management

Diese Schritte orientieren sich am Kontext der Veränderung und an den Möglichkeiten, die zur Verfügung stehen:

- äussere Rahmenbedingungen: räumlicher und zeitlicher Rahmen;
- Materialquellen: vorhandenes Wissen, Verbindungen, Vernetzungen, Kooperationen, Transdisziplinarität;
- Material- und/oder Struktureigenschaften: Inhalt und Sinngestaltung der Zielvision;
- Werkzeuge: Methodik und Didaktik des Lernprozesses, Detailplanung Workshops, Tools, Software;
- mentale Rahmenbedingungen: Gestaltungsspielraum öffnen und Grenzen setzen.

**S**ensibilisieren, **E**xplorieren, **R**epetieren, **A**nerkennen ergeben das Akronym SERA. Es wurde vom Coach und Psychotherapeuten Herbert Eberhart gemeinsam mit einem der Gründer der Expressive Arts Therapy, Paolo Knill, entwickelt. Für das vorliegende Buch wurde das SERA-Konzept in den Kontext der Organisationsentwicklung übertragen (vgl. Abb. 19).

Die Verbindung von Innovation und neuen Ideen, vom Prozess als verbindendem Element und den Qualitäten des geführten Prozesses wird im 4-D-Model von Appreciative Inquiry nach Cooperrider & Whitney (2001) ersichtlich.

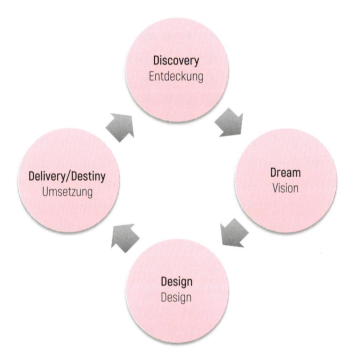

**Abbildung 20** 4-D-Zyklus

Die vier Phasen (Entdeckung, Vision, Design und Umsetzung) des 4-D-Zyklus gestalten sich wie folgt:

- *Discovery* (Entdeckung): Mobilisierung des ganzen Systems durch die Beteiligung aller Akteure und Akteurinnen, indem Stärken und Best Practices besprochen werden. In dieser Phase gilt die Wertschätzung der Stärken und dem Besten, das schon da ist.

- *Dream* (Vision): Gemeinsame Gestaltung einer Zielvision, die sich auf das entdeckte Potenzial bezieht, dem Ziel und einem übergeordneten Zweck dient. Gemeinsam werden Vorstellungen darüber entwickelt, was sein könnte, wenn es besser wäre.
- *Design*: Die Visionsbilder aus der vorherigen Phase werden in dieser Phase handhabbar gestaltet. Das können ein Aktivitäten- oder Maßnahmenplan, eine Projektplanung oder einfache Umsetzungsschritte sein. Es werden Kategorien und Prozesse gestaltet, an denen entlang sich alle, die beteiligt sind, orientieren können.
- *Delivery/Destiny* (Umsetzung): Dieser Teil betrifft die Umsetzung der neuen »Ordnung«, der neuen Prozesse oder der neuen Organisationsstruktur des Projekts. Das sind sowohl kleine Schritte in einem Team oder einer Projektgruppe, die sich aufgrund der Vision verändern, oder große Bewegungen, wie die Lancierung eines neuen Produkts oder eines neuen Angebots.

Diese Abfolge dient als Orientierung sowohl in einzelnen Workshops als auch in der Abfolge mehrerer Workshops.

Geübte Change Agents und Organisationsentwicklerinnen können den Zeitbedarf dafür abschätzen. Manchmal wird es schneller gewünscht, als es möglich ist. Dann wird in Texten, Dokumenten und Konzepten von zeitnahen Umsetzungsprozessen gesprochen, und bevor der erste Schritt gemacht wird, ist bereits Zeitdruck entfacht. Dabei wird vergessen, dass die gemeinsame Umsetzungszeit einen unternehmerischen Mehrwert generiert. Der Prozess der Veränderung ist kein Element, das es möglichst schnell zu überwinden gilt. Die Veränderungszeit ist ein unternehmerischer Mehrwert, der

- die Zusammenarbeit stärkt,
- interdisziplinäre Gespräche fördert,
- Bekanntes hinterfragt,
- Möglichkeitsräume öffnet,
- Loyalität vertieft und
- neues Wissen und neue Perspektiven generiert.

Gemeinsam geteilte Zeit finden wir auch in den Sitzungen. Es ist deshalb von Bedeutung, wie die Sitzungen strukturiert sind (vgl. hierzu S. 23 f. in diesem Buch). Folgende Fragen sollten im Zentrum stehen: Was ist der Zweck? Können sich die Teilnehmenden vorbereiten? Gibt es Raum, um

Denken und Fühlen zu erweitern? Das Gefühl für Raum wird ermöglicht, indem Zeit gegeben wird. Beispielsweise zwei Minuten Zeit für eine stille Reflexion, während der man sich zu einer Frage Notizen machen und sich überlegen kann, was man sagen möchte – oder um im Rahmen eines Workshops eine Frage zu besprechen.

Im Rahmen eines Workshops sind es verschieden zusammengesetzte Gruppen, die Fragen besprechen und neue Antworten generieren. Das Hauptwerkzeug, um zu diesen neuen Antworten zu gelangen, sind die Fragen, die gestellt werden. Idealerweise sind es die bereits auf Seite 12 vorgestellten »fensteröffnenden Fragen«, die mit der Absicht gestellt werden, das Denken und Fühlen zu erweitern. Im Folgenden wird eine Auswahl solcher »fensteröffnenden Fragen« aufgelistet.

Beispielfragen mit der Absicht, das Denken zu erforschen:

- Was nimmst du an?
- Was könnte _____ annehmen?
- Was könnten wir stattdessen annehmen?
- Du scheinst _____ anzunehmen. Was müssen die anderen wissen, damit diese deine Annahme besser verstehen?
- Du hast die Wichtigkeit von _____ für dich erwähnt. Was bedeutet das Wort _____ für dich? Nicht in Bezug auf die Definition im Duden, sondern deine persönliche Definition im Rahmen der aktuellen Umstände.
- Was wird vernachlässigt, wenn _____ ignoriert wird?

Beispielfragen mit der Absicht, weitere Perspektiven zu gewinnen:

- Wenn du als 80-Jährige auf die heutige Situation zurückblicken würdest, wie würdest du dich selbst gern an dich erinnern?
- Wenn du 100 Manager in vergleichbaren Organisationen aus dem ganzen Land und aus anderen Ländern zu deiner Situation befragen würdest, welche Ratschläge und Ansichten würdest du bekommen, die sich von deiner eigenen Meinung heute unterscheiden? Welche Art Ratschlag und Ansicht würdest du bekommen, die deine heutige Meinung untermauern?
- Wer würde dir Ratschläge geben, die deine Sichtweise stützen?
- Wenn sich der gleiche Austausch für die nächsten zehn Jahre an jedem Tag fortsetzen würde, wie wäre das für dich? Würde sich über die Zeit hinweg irgendetwas verändern?

- Was glaubst du, inwieweit unterscheidet sich dein Verständnis der Situation von dem der anderen?
- Wer würde am besten verstehen, warum das für dich so wichtig ist?

Bei der Beantwortung der Fragen braucht es eine Achtsamkeit, denn »no question is innocent«, wie Chené Stewart (2013) es nennt. Die Aussage »Keine Frage ist unschuldig« ist in dem Sinne zu verstehen, dass jede Frage aus einer bestimmten Sichtweise und einer bestimmten Perspektive entsteht. Jede Frage beinhaltet deshalb immer auch die Botschaft über die Sichtweise des Fragenden.

Werden die Antworten zuerst im Stillen reflektiert und notiert, bevor sie ausgesprochen werden, verlangsamt sich die Gesprächsdynamik, und es entsteht mehr *Mindsight* (vgl. hierzu S. 32). Dies garantiert, dass Menschen mehr Zeit haben, ihre Antworten bewusster auszuwählen, und lernen, sich selber besser zu verstehen. Gespräche auf gleicher Augenhöhe haben damit nicht nur die hierarchische Autorität verloren, sondern auch an Vielfalt gewonnen: eine Vielfalt im Raum zwischen uns, die nicht zum Konflikt führt, sondern eine, die wir immer wieder schöpferisch nutzen können – mit Mehrwert für das Unternehmen.

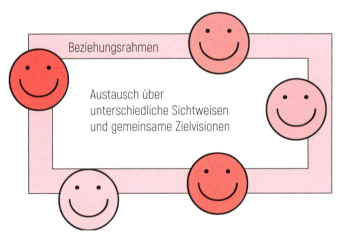

**Abbildung 21** Mehrwert durch mehr Erkennen

Wenn Leadership zur gemeinsamen Sache wird, entwickeln die Beziehungen zwischen den Menschen einen Raum, in dem sich die Stärken der einzelnen Personen in gegenseitiger Achtung entfalten und befruchten können und Schwächen mit Toleranz, Respekt und Interesse behandelt werden. Zusammenarbeit wird in unterschiedlichen Gruppenkonstellationen möglich und nicht nur in bestimmten, besonders freundschaftlich gesinnten Beziehungen. Es entwickelt sich ein Interesse am Zukünftigen, am Sein-Wollenden, an dem, das noch nicht gesagt oder gedacht wurde, an der »allmählichen Verfertigung der Gedanken beim Reden« (Kleist, zit. in Seitz 1996, S. 23), an der Schönheit des sinnvollen Zukünftigen.

»Wenn keine Malerei die Malerei abschließt, wenn sogar kein Werk fertig wird, dann verändert, verwandelt, erhellt, vertieft, bestätigt und erhöht jede Schöpfung alle anderen, erschafft sie wieder oder lässt sie im Voraus entstehen. Wenn die Schöpfungen kein Besitz sind, der ein für allemal erworben ist, so nicht nur darum, weil sie wie alle Dinge vergänglich sind, sondern auch, weil sie fast ihr ganzes Leben noch vor sich haben.«

Maurice Merleau-Ponty (2003)

# Autorin

**Astrid Frischknecht**

M.A., Management- und Organisationsentwicklerin, Supervisorin/Coach BSO, diplomierte Wirtschaftsfachfrau, vom Eidg. Büro für Gleichstellung (EBG) anerkannte Fachfrau für betriebliche Gleichstellung von Frau und Mann.

Die ehemalige Buchhändlerin bildete sich in Betriebswirtschaft weiter und arbeitete in verschiedenen Managementfunktionen. Sie initiierte und leitete nationale Projekte, koordinierte Abstimmungskampagnen, engagierte sich in Berufsverbänden und war journalistisch tätig. Seit fast 20 Jahren ist Astrid Frischknecht Beraterin für Change-Management und Coach für Führungskräfte, Teams, Projektleiterinnen und -leiter und Personen in Veränderungsprozessen mit langjähriger Erfahrung als Inhouse-Consultant in einem mehrsprachigen Großunternehmen und Projektleiterin/Führungskraft im internationalen Umfeld.

Als Dozentin unterrichtet sie an Hochschulen im In- und Ausland. Schwerpunkte sind Leadership in komplexen Systemen, Change-Management, Social Change, öffentlicher Raum und nachhaltiger Tourismus. Sie ist Angebotsleiterin Führen und Beraten in der Akademie für Erwachsenenbildung aeB Schweiz, Senior Partner bei seecon gmbh und Präsidentin von Faire Ferien.

In ihrer Freizeit schreibt sie, malt und genießt die Schönheiten des Lebens.

# Literatur

Arendt, Hannah (2003): Was ist Politik. München: Piper.
Bemmann, Hans (2001): Erwins Badezimmer. Berlin: Goldmann.
Bieri, Peter (2013): Eine Art zu leben. München: Hanser-Verlag.
Bornstein, David (2005): Die Welt verändern. Social Entrepreneurs und die Kraft neuer Ideen. Stuttgart: Klett-Cotta.
Burow, Olaf-Axel (2000): Ich bin gut – wir sind besser. Stuttgart: Klett-Cotta.
Carr, Donn (2017): How to identify a weak manager. Orlando: Newsletter Carr Management Group.
Cooperrider, David L. & Whitney, Diana (2005): Appreciative Inquiry. San Francisco: Berrett-Koehler.
De Jong, Peter & Berg, Insoo Kim (1998): Lösungen (er)finden. Das Werkstattbuch der lösungsorientierten Kurztherapie. Dortmund: Modernes Lernen.
Eberhart, Herbert & Bürgi, Andreas (2004): Beratung als strukturierter und kreativer Prozess. Ein Lehrbuch für die ressourcenorientierte Praxis. Göttingen: Vandenhoeck & Ruprecht.
Eberhart, Herbert & Killias, Heinz (Hrsg.) (2004): Überraschung als Anstoss zu Wandlungsprozessen. Zürich: EGIS-Verlag.
Eberhart, Herbert & Knill, Paolo J. (2009): Lösungskunst. Lehrbuch der kunst- und ressourcenorientierten Arbeit. Göttingen: Vandenhoeck und Ruprecht.
Fischermann, Thomas (2011): Arbeiten, um zu leben. In: Zeit online, http://www.zeit.de/2011/46/Historie-Arbeitnehmer (Zugriff: 3.5.17).
Francis, Matthew (2017): High Performing Jerks = Culture Crushers. https://www.linkedin.com/pulse/high-performing-jerks-culture-crushers-matthew-francis (Zugriff 23.2.2017).
Gardner, Howard & Hatch, Thomas (1989): Multiple Intelleginces Go to School. In: Educational Researcher, 18, S. 4–10.
Gergen, Mary & Gergen, Ken (2009): Einführung in den sozialen Konstruktionismus. Heidelberg: Carl-Auer.
Heeb, Johannes (2017): Dranbleiben – eine regionale Entwicklungsgeschichte mit internationalen Wurzeln. In: Seecon (Hrsg.) (2017): Seecon Moves 2017. Projekte zur nachhaltigen Entwicklung. Bern: Selbstverlag.
Hentze, Joachim & Thies, Björn (2014): Stakeholder-Management und Nachhaltigkeits-Reporting. Berlin: Springer Gabler.
Herzig, Maggi & Chasin, Laura (2006): Fostering Dialogue across Divides. Watertown: Public Conversations Project.
Hillmann, James (1983): Inter Views. New York: Haper & Row.
Hillman, James (2004): The Thought of the Heart and the Soul of the World. Putnam: Spring Publications.

Homann, Birthe, Müller, Martin & von Tobel, Urs: Gesellschaft (2000): Die »Ich AG« feiert Hochkonjunktur. In: Beobachter. https://www.beobachter.ch/burger-verwaltung/gesellschaft-die-ich-ag-feiert-hochkonjunktur-0 (Zugriff 24.7.2017).
Jørgensen, Dorthe (2006): Skønhed. En engel gik forbi. Aarhus: Aarhus Universitetsforlag.
Kgathlhanye, Thato (2016): »Wir müssen unseren Egoismus ablegen«. In: Red Bulletin. https://www.redbulletin.com/ch/de/innovator/thato-kgatlhanye-social-entrepreneurin-und-oko-unternehmerin (Zugriff 24.7.2017).
Knill, Paolo (2005): Kunstorientiertes Handeln in der Begleitung von Veränderungsprozessen. Zürich: EGIS Verlag.
Königswieser, Roswita & Hillebrand, Martin (2008): Einführung in die systemische Organisationberatung. Heidelberg: Carl-Auer-Verlag.
Kriz, Jürgen (1998): Chaos, Angst und Ordnung. Göttingen: Vandenhoeck und Ruprecht.
Lutz, Werner (2011): Kussnester. Frauenfeld: Waldgut.
Merleau-Ponty, Maurice (2003): Das Auge und der Geist. Hamburg: Felix Meiner.
Noguerol, Miguel (2017): How to Lead Like a Top Chef. In: Insead Knowledge. https://knowledge.insead.edu/blog/insead-blog/how-to-lead-like-a-top-chef-5961 (Zugriff 2.5.2017).
Pahl, Henning (2006): Die Kirche im Dorf. Religiöse Wissenskulturen im gesellschaftlichen Wandel des 19. Jahrhunderts. Berlin: Akademie-Verlag.
Pehr, Franz (1960): Kärntner Sagen. Klagenfurt: Heyn.
Rambow, Riklef (2000): Experte-Laien-Kommunikation in der Architektur. Münster: Waxmann.
Rilke, Rainer Maria (1991): Bücher – Theater – Kunst. Frankfurt am Main: Suhrkamp.
Rock, David (2008): SCARF – a Brain-based Model for Collaborating with and Influencing Others. In: NeuroLeaderhsip Journal, 1.
Roethe, Hans K. & Hahl-Koch, Jelena (Hrsg) (2004): Kandinsky. Autobiografische Schriften. Bern: Benteli.
Rumpf, Horst (2001): Die Wahrnehmung des Diesda. In: Der blaue Reiter, 12, S. 37.
Saint-Exupéry, Antoine de (2009): Die Stadt in der Wüste. Stuttgart: Karl-Rauch-Verlag.
Seitz, Hanne (1996): Räume im Dazwischen. Essen: Klartext.
Stewart, Chené (2013): Re-Authoring the world. Randburg: Knowres.
Stürmer, Michael (2017): Wer kann die instabil gewordene Welt ordnen. In: Welt online. https://www.welt.de/debatte/kommentare/article161193861/Wer-kann-die-instabil-gewordene-Welt-ordnen.html (Zugriff 24.7.2017).
Switzer, Kathrine (2012): First Woman to Enter the Boston Marathon. https://www.youtube.com/watch?v=fOGXvBAmTsY (Zugriff 3.5.17).
Wheatley, Margaret J. (1999): Leadership and the new science. San Francisco: Berrett-Koehler.

# Abbildungsverzeichnis

Abb. 9: Monika Muff
Abb. 10: Action Design/Originalkonzept: Chris Argyris
Abb. 11: Bettina Kumpe
Abb. 15: Pixelio/Wolfgang Dirscherl
Abb. 16: Pixabay/Stefan Schweihofer

Rolf Arnold

**Entlehrt euch!**

Ausbruch aus dem Vollständigkeitswahn

»Entlehrt euch!« ist ein Aufruf, die bestehenden Bildungsinstitutionen und auch die Bildung selbst einmal isoliert von ihrer Tradition zu betrachten und damit neu anzudenken. Denn mit der Institutionalisierung des Lernens geht ein Vollständigkeitswahn einher, der de facto allen neuro- und lernpsychologischen Ergebnissen zuwiderläuft.

Es ist an der Zeit, dass wir Disziplinierung und Belehrung hinter uns lassen und uns dem Lernen von innen her zuwenden. Selbstgesteuert und -motiviert lassen sich Lernprozesse weitaus nachhaltiger und fruchtbarer gestalten. Man darf sich hier durchaus an die Streitschrift »Empört euch!« des französischen Widerstandskämpfers Stéphane Hessel erinnert fühlen: Inhaltlich hat das neue Buch von Rolf Arnold zwar nichts damit zu tun – es teilt aber allemal dessen Verve.

www.hep-verlag.com/entlehrt-euch

Thomas Philipp

## Welche Bildung braucht die Wirtschaft?

Antworten aus Wirtschaft, Pädagogik, Wissenschaft, Spiritualität und Politik

Verkürztes Gymnasium, PISA-Rankings, verschultes Studium: Im Namen wirtschaftlicher Effizienz haben Reformen die Freiräume des jugendlichen Engagements stark eingeschränkt. Dient das der Wirtschaft tatsächlich, wenn doch Verantwortung nicht durch Auswendiglernen, sondern durch freiwilliges Engagement erwacht und reift? Und wie verhalten sich die Reformen zur Würde des Menschen und zu seinem guten Leben? Autorinnen und Autoren unterschiedlicher Fachrichtungen suchen in diesem Tagungsband nach Antworten auf die Frage, wie sich eine menschengerechte Bildung und nachhaltige Wirtschaft vereinbaren lassen.

www.hep-verlag.com/welche-bildung-braucht-die-wirtschaft

Hans Peter Gächter

**Projektmanagement konkret**

Nachschlagen – Verstehen – Umsetzen

Jedes Unternehmen, jede Organisation und jeder Verein investiert Zeit, Wissen und mitunter auch viel Geld in Projektarbeit. So sehr sich diese Projekte in ihrer Größe und Relevanz auch unterscheiden, eines brauchen alle: ein gutes Management. Nur wer ein Projekt kompetent strukturiert und leitet, führt es zum Erfolg.

»Projektmanagement konkret« begleitet Sie zum Ziel, vom Start des Projekts bis zum Abschluss. Das Buch ist in sechs Hauptabschnitte gegliedert, die den sechs Phasen der Projektarbeit entsprechen: Start, Hauptstudie, Detailplan, Ausführung, Einführung und Abschluss. Ein zusätzliches siebtes Kapitel ist den sozialen Aspekten der Projektarbeit gewidmet.

»Projektmanagement konkret« richtet sich an Personen, die im Auftrag eines Unternehmens, einer Organisation oder auch in eigener Regie ein Projekt leiten und erfolgreich abschließen wollen.

Wo immer im Projektverlauf Sie gerade stecken, Sie finden hilfreiche Tipps, Methoden und Instrumente für die weitere Arbeit.

www.hep-verlag.com/projektmanagement-konkret

Hansueli Hofmann,
Priska Hellmüller,
Ueli Hostettler

**Eine Schule leiten**

Grundlagen und Praxis

Wer eine Schule führt, ist vielfach herausgefordert. Ohne die nötigen Leadership-, Management- und Kulturkompetenzen sind die komplexen Aufgaben nicht zu bewältigen. Die Autorinnen und Autoren dieses Fachbuchs stützen sich in ihren Beiträgen auf ein erprobtes Kompetenzmodell für Schulleitungen. Sie zeigen an theoretischen Grundlagen und vielen Praxisbeispielen den Weg zu einer gelingenden Schulführung und -entwicklung auf.

www.hep-verlag.com/eine-schule-leiten

Karl Kälin, Peter Müri

**Sich und andere führen**

Psychologie für Führungskräfte, Mitarbeiterinnen und Mitarbeiter

»Sich und andere führen« erscheint nun bereits in der 16., vollständig überarbeiteten Auflage, die mit Beiträgen zur Selektion von Führungskräften, neuen Trends in der Organisationsentwicklung, Frauen in Führungsfunktionen und Psychischem Energiemanagement erweitert wurde. Das Buch ist ein Standardwerk in der Aus- und Weiterbildung von Führungskräften und Mitarbeitenden. Es erläutert mit bewährten Fragebögen und praxisnahen Beispielen die Risiken und Chancen der Zusammenarbeit in Organisationen.

Das Werk setzt zunächst bei der Selbstentwicklung an, um die eigenen Stärken und Schwächen transparent zu machen. Dann zeigen die Autoren und Autorinnen sachkundig auf, welche wertvollen und kreativen Potenziale die Teamarbeit freisetzt und wie diese gefördert werden kann. Die Beiträge zur Organisationsentwicklung gehen schließlich auf die Zusammenhänge der technischen, sozialen und politischen Rahmenbedingungen eines Unternehmens und dessen Kultur ein. Das Buch zeigt auf, wie wichtig die Optimierung des Zwischenmenschlichen für den langfristigen Unternehmenserfolg ist.

www.ott-verlag.ch/sich-und-andere-fuehren-1#more